L'HYPNOSE

Docteur Mireille Meyer

L'HYPNOSE

EYROLLES

Éditions Eyrolles
61, bd Saint-Germain
75240 Paris Cedex 05
www.editions-eyrolles.com

Mise en pages : Istria

ISBN : 978-2-212-55885-2

SOMMAIRE

INTRODUCTION

Hypnose ! Ce mot a pour chacun d'entre nous une connotation différente. Magique, mystérieux ou burlesque pour certains, il sonne thérapeutique, occulte, charlatanesque, spectaculaire pour d'autres ! Souvent galvaudée par les médias, l'hypnose peut éveiller en nous peur, méfiance, sourire, curiosité…

L'hypnose est actuellement en plein essor. Mais que cache ce terme ? Qu'est-ce que l'hypnose exactement, et à quoi sert-elle ?

Ce livre a pour objectif d'aborder simplement les connaissances les plus communément admises sur l'hypnose.

Si certaines d'entre elles sont démontrées scientifiquement, grâce notamment aux progrès récents de l'imagerie cérébrale, d'autres relèvent de connaissances plus empiriques, transmises par une majorité d'écoles et ouvrages depuis des décennies. Certains concepts restent toutefois sujets à controverse, chacun ayant ses arguments. Nous resterons ici dans une présentation des concepts les plus classiques.

Nous traiterons en premier lieu des origines, différents courants et formes d'hypnoses connus avant d'aborder principalement le fondement et les mécanismes de l'hypnose à visée thérapeutique et de développement personnel. Nous verrons ensuite ses diverses utilisations puis ses applications pratiques.

PARTIE 1

L'HYPNOSE À TRAVERS LES SIÈCLES

CHAPITRE 1

PRÉSENTATION

Au programme

- Idées reçues les plus fréquentes
- Définitions et descriptions
- Principales indications et contre-indications
- Techniques apparentées

Il existe beaucoup de préjugés sur l'hypnose. La connotation parfois péjorative et les idées reçues, pour la plupart fausses, qu'elle inspire, sont souvent induites par ce qu'il nous en est montré dans les spectacles de cabaret ou les médias, qui en donnent souvent une image quelque peu effrayante : celle d'une méthode directive et rapide où l'hypnotiseur semble avoir un contrôle absolu des « sujets » auxquels il peut faire faire n'importe quoi.

Nous chercherons ici à clarifier tout cela et éviterons le débat, classique de nos jours, opposant hypnose de spectacle et hypnose thérapeutique. Libre à chacun d'avoir son opinion !

Une fois l'hypnose démystifiée, nous aborderons ses différentes formes, ses indications et limites, ainsi que quelques techniques pouvant parfois fortement s'y apparenter.

Idées reçues les plus fréquentes

Sur la forme

C'est de la manipulation

Alors que l'on pourrait penser qu'une personne sous hypnose se trouve totalement sous les ordres de l'hypnotiseur, en réalité, pendant la séance, une partie consciente appelée « observateur caché » reste en éveil. Ainsi, il est impossible de faire faire à quelqu'un quelque chose allant contre son éthique ou sa morale. D'ailleurs, la motivation est indispensable au changement. Si vous voulez appeler cela « manipulation », alors ajoutez l'adjectif « thérapeutique ». Il s'agit dans ce cadre d'une autorisation que le patient donne au praticien afin d'avancer vers son objectif : un peu comme avec un ostéopathe, il s'agit d'une manipulation thérapeutique, technique et sûre.

En hypnose, on dort

Malgré l'origine grecque du mot *hypnos* signifiant « sommeil », le « dormez » accompagné d'un claquement de doigts de l'hypnotiseur de spectacle, et la fréquente immobilité du sujet en hypnose, celle-ci n'a en réalité rien en commun avec le sommeil, pas plus qu'avec l'état d'éveil ordinaire.

La science nous montre qu'il n'y a aucune similitude entre éveil, hypnose et sommeil. Il a d'ailleurs été récemment découvert en imagerie médicale par résonance magnétique (IRM) une zone spécifique du cerveau qui ne s'active que durant l'état d'hypnose.

L'hypnose est un état naturel que chacun de nous, qu'il le veuille ou non, expérimente au quotidien lorsqu'il est absorbé par un livre, un bon film, ou tout simplement en train de « rêvasser ». Cet état, communément appelé « état modifié de conscience », peut aller de la détente légère à une relaxation beaucoup plus profonde selon les personnes, les moments de la journée, le contexte, le type de séance…

Cet état d'être est normal, propre au règne vivant et semble même nécessaire au maintien de notre équilibre mental.

Comme à la télé ?

Tout dépend de l'utilisation qui est faite de l'hypnose ! En spectacle, bien évidemment, son but est de divertir les spectateurs, mais ce n'est pas notre propos ici.

L'objectif de l'hypnose médicale ou thérapeutique n'a rien à voir avec celui de l'hypnose de spectacle. Si la façon de procéder peut parfois être similaire chez certains praticiens, le but ne sera aucunement de vous allonger entre deux tréteaux ou de vous faire oublier un chiffre, mais de vous aider à aller mieux, à vous soigner, ou à atteindre un objectif.

Sur les objectifs

Retrouver d'anciens souvenirs

C'est parfois possible ! Toutefois, le praticien devra être extrêmement expérimenté et soigneusement veiller à éviter des syndromes de fausse mémoire (voir encadré). Aussi est-il nécessaire de peser le pour et le contre avant de réaliser ce genre de séance, en thérapie aussi bien que lors de spectacles ! En revanche, il arrive que l'on retrouve au cours d'une séance, sans l'avoir prévu, des souvenirs enfouis qui réapparaissent parce que l'on a besoin d'eux dans le cadre de la thérapie.

False Memory Syndrom

... ou syndrome de fausse mémoire

Il n'y a aucune preuve que l'utilisation de l'hypnose permette de retrouver de façon certaine de « vrais » souvenirs ! Même si les personnes sous hypnose perçoivent les images produites dans cet état comme exactes parce qu'elles contiennent de nombreux détails et peuvent être parfois associées à une très forte émotion, cela ne prouve pas pour autant leur vérité « historique ».

Comme le dit François Roustang[1] : « La réalité du souvenir est invérifiable. Il faut savoir que tout souvenir est recomposé. Et plus longtemps il a été oublié et enfoui, plus il a de chances d'être méconnaissable. »

Dans la communication quotidienne, nous utilisons tous la suggestion*[2] : pour faire connaissance, plaire aux autres, etc. De la même façon, une personne sous hypnose pourrait faire de faux aveux à un thérapeute ou à un policier, en fonction d'éléments suggérés par ce dernier lors de l'interrogatoire ! La personne qui pose les questions a donc une responsabilité importante, surtout si aucune confirmation extérieure n'est possible, car ses propres convictions peuvent entraîner de mauvaises réponses. Un praticien expérimenté évitera ce genre de problème.

Tout oublier

En général, sous hypnose, vous restez conscient de ce qui se passe, des sons venant de l'environnement, de la voix du praticien. Vous pouvez même vous souvenir du contenu de la séance.

De la même façon que l'on ne peut oublier quelqu'un de décédé, il est impossible, même sous hypnose, d'oublier une partie de sa vie, tel un traumatisme par exemple. Un viol, un accident grave ou tout autre élément que vous souhaiteriez oublier, sera traité afin d'atténuer ou de neutraliser les émotions associées, mais vous n'oublierez pas ce traumatisme pour autant. Vous apprendrez à l'accepter et à mieux vivre avec !

La partie inconsciente de l'esprit peut cependant parfois créer des amnésies* momentanées, en général partielles. Elles se créent de manière naturelle, pour votre bien-être – il vaut parfois mieux que certaines choses restent inconscientes !

1. Les références bibliographiques sont données en annexes.
2. Les termes suivis d'un astérisque à la première occurrence sont expliqués dans le glossaire.

Sur l'état d'hypnose

Tout le monde n'est pas hypnotisable

Nous sommes théoriquement tous capables d'entrer en transe*, puisqu'il s'agit d'un état naturel ! Toutefois, il arrive que, par crainte, manque de confiance ou du fait de préjugés sur l'hypnose, certains montrent une résistance* inconsciente et ne puissent être hypnotisés. De même, la sensibilité est plus grande chez les personnes hypnotisées lors de spectacles. L'hypnotiseur, devant être très rapide, choisit alors les personnes qu'il estime les plus sensibles. En thérapie, le temps dont dispose le praticien étant plus long, pratiquement tout le monde peut être hypnotisé une fois trouvée la manière qui lui correspond.

Ne pas se réveiller

Il est impossible de ne pas se réveiller après une séance. Si l'on vous hypnotise et que l'on arrête de vous parler, au bout d'un moment passé sans suggestion du praticien, vous sortirez de transe spontanément. Parfois, un état hypnotique très agréable peut donner envie à une personne d'y rester pour en profiter un peu plus, et la sortie de transe prend alors un peu plus de temps. Le praticien est là pour l'aider à revenir à elle bien en forme et à la date du jour !

Définitions et description

Différentes définitions

Wikipédia

« Un état passager d'attention modifiée chez le sujet qui peut être produit par une autre personne et dans lequel différents phénomènes peuvent apparaître spontanément, ou en réponse à différents stimuli verbaux ou autres. Ces phénomènes comprennent un changement dans la conscience et la mémoire, une sensibilité accrue à la suggestion et l'apparition chez le sujet de réponses et d'idées qui ne lui sont pas familières dans son état d'esprit habituel. En outre, des phénomènes comme l'anesthésie*, la paralysie, la rigidité musculaire et des modifications vasomotrices peuvent être, dans l'état hypnotique, produits et supprimés. »

Léon Chertok

« L'état hypnotique apparaît comme un état de conscience modifié à la faveur duquel le praticien peut provoquer des distorsions* au niveau de la volition, de la mémoire et de certaines perceptions sensorielles. »

Milton Erickson

« Un état de conscience dans lequel vous présentez à votre patient une communication, avec une compréhension et des idées, pour lui permettre d'utiliser cette compréhension et ces idées à l'intérieur de son propre répertoire d'apprentissages. »

Daniel Araoz

« Un état dans lequel les facettes mentales critiques sont temporairement suspendues, et où la personne utilise principalement l'imagination ou les processus de pensées primaires. Le niveau d'hypnose, sa "profondeur", dépend du degré d'implication imaginaire. »

Hippolyte Bernheim

« La seule chose certaine, c'est qu'il existe chez les sujets hypnotisés ou sensibles à la suggestion une aptitude particulière à transformer l'idée reçue en acte. »

François Roustang

Il évoque, quant à lui, le terme de « veille paradoxale » (ou veille généralisée) en opposition à l'état de « veille restreinte » (état de veille ordinaire). Les perceptions de cette veille paradoxale se manifesteraient en effet avec plus de force et d'ampleur que celles de la veille ordinaire.

Il parlera aussi d'état de conscience « élargie », de « perceptude » !

Définition communément admise

Un état modifié de conscience

Il s'agit d'un état dans lequel le patient a une perception élargie de ses propres potentiels, ressources et capacités. Il peut alors les avoir à sa portée pour les mettre en application dans un processus de guérison ou de mieux-être, par exemple.

Un processus

Il s'agit des techniques appelées inductions*, que nous verrons plus loin dans cet ouvrage, et qui permettent de mettre une personne en transe, que ce soit dans un cadre de spectacle, de thérapie ou même au quotidien.

Une méthode thérapeutique orientée solution

Cette méthode a pour objectif de tirer profit des ressources du patient en se focalisant sur les solutions qu'il a en lui plutôt que sur les causes du problème. En hypnose thérapeutique, nous ne nous préoccupons pas de « pourquoi cela ne va pas ? », mais de « comment aller mieux autrement ? », en utilisant notamment les ressources inconscientes qui sont en chacun de nous. C'est, comme son nom l'indique, une forme de « psychothérapie brève ». La plupart du temps, en hypnose thérapeutique, quatre à dix séances suffisent à traiter le problème qui motive la consultation (selon les cas, les personnes, le contexte…).

Dans l'environnement quotidien

L'hypnose est partout, elle nous entoure, nous pourrions presque même dire qu'elle nous gouverne en quelque sorte, comme nous le verrons plus loin, laissant présager la véracité de la phrase de François Roustang : « Tout est hypnose » !

À retenir

> **L'hypnose, c'est :**
> - **un état modifié de conscience donnant accès aux ressources ;**
> - **le processus inductif pour obtenir cet état ;**
> - **une méthode thérapeutique orientée solution (thérapie brève) ;**
> - **une méthode largement utilisée dans notre environnement quotidien.**

Ce sont ces notions, et en particulier celles d'une technique brève, orientée solution, qui nous intéressent dans cet ouvrage et que nous allons développer. Aux personnes soucieuses de comprendre la nature, la cause de leurs problèmes, nous suggérons de se tourner vers la psychanalyse ou d'autres types de thérapies (cognitive, systémique) plus adaptées, seules ou en complément de l'hypnothérapie.

Principales indications et contre-indications

Indications

Nous verrons plus loin que l'hypnose nous entoure au quotidien sans que nous en ayons conscience. Toutefois, il y a des domaines où nous nous attendons à la rencontrer, où elle est connue, recherchée, voire recommandée.

Médecine

Le plus souvent connue pour les anesthésies, la gestion de la douleur ou encore l'arrêt du tabac, l'hypnose médicale est également efficace dans nombre de pathologies dont nous ne pouvons faire ici une liste exhaustive. Parmi celles-ci : addictions* (alcool, boulimie, médicaments…), problèmes digestifs, insomnies, allergies, certaines maladies chroniques…

Thérapie

L'hypnose thérapeutique est utilisée pour gérer les émotions, l'anxiété ou le stress, par exemple. Elle a également un intérêt dans certains troubles dépressifs mais aussi les phobies*, deuils, syndromes de stress post-traumatique et bien d'autres.

Développement personnel

Dans ce cadre, elle est plutôt employée pour atteindre un objectif envers lequel la personne concernée peut avoir des freins psychologiques (recherche d'emploi, apprentissage, amélioration de performances sportives…).

Aucune notion médicale ou thérapeutique ici ! Elle s'adresse à des gens qui vont bien et veulent développer un aspect de leur vie leur permettant d'aller encore mieux.

Hypnose de spectacle

Avez-vous entendu parler de Dominique Webb ou, plus récemment, de Messmer le Fascinateur ? L'hypnose de scène, utilisant la suggestibilité* très forte de certaines personnes pour leur faire faire des choses amusantes et inhabituelles, vise à divertir le public. Elle peut être mal perçue par certains thérapeutes qui trouvent qu'elle dénigre l'hypnose thérapeutique ou peut présenter un danger ou un inconfort pour les sujets participant à ces expériences : comment se sentent-ils après ?

Pourtant, l'hypnose de scène semble avoir joué un rôle important dans la diffusion de l'hypnose en général. En effet, ce serait après avoir assisté à une démonstration publique du magnétiseur Charles Lafontaine, en 1841, que James Braid a commencé à s'intéresser aux phénomènes hypnotiques. Joseph Delbœuf, qui aurait fait quant à lui des expériences avec le magnétiseur public

Alfred d'Hont, dit Donato, se fait le défenseur des magnétiseurs de spectacle et demande : « Que chacun puisse faire de l'hypnotisme public ou privé, sous sa propre responsabilité » !

Contre-indications

Pathologies

La plupart des auteurs déconseillent l'hypnose chez les personnes porteuses de troubles psychotiques (paranoïa, psychose maniaco-dépressive, schizophrénie…) ainsi que chez les épileptiques. Toutefois, certains patients ayant ces troubles ont pu tirer un bénéfice de séances d'hypnose. Milton Erickson lui-même a traité, entre autres, un jeune schizophrène.

À l'heure actuelle, la prudence reste toujours de mise pour ce type de maladies.

Limites du thérapeute

Plus important encore que les contre-indications médicales, il nous semble fondamental que le praticien connaisse ses propres limites ! Parfois, il faut savoir adresser le patient à un autre praticien si nécessaire.

Techniques apparentées

L'hypnose est souvent comparée à la sophrologie, la relaxation, la méthode Coué ou encore la PNL. Ces techniques ont en effet toutes un point commun avec l'hypnose.

Sophrologie

Née en Espagne en 1960, l'école de sophrologie rassemblait au départ phénomènes hypnotiques et techniques de relaxation, dont celle de J. H. Schultz, ainsi que les états psychiques ayant un dénominateur commun. C'est au retour d'un voyage en Orient qu'Alfonso Caycedo, inspiré par les méthodes qu'il y avait découvertes, fonda la méthode occidentale de sophronisation. Les principales techniques utilisées permettent d'agir sur les niveaux de conscience par une relaxation physique et mentale, créant une sensation subjective de paix ressentie par le sujet. Par la suite, la concentration, la contemplation et la méditation deviennent les pôles de la relaxation dite dynamique.

En pratique, certains patients disent aujourd'hui que l'hypnose ressemble à la sophrologie, d'autres que cela n'a rien à voir ! Tout dépend probablement des méthodes employées dans l'un et l'autre cas.

Relaxation

En étudiant les modifications physiologiques et les ressentis déclenchés par le processus d'hypnotisation, Schultz remarque que deux éléments sont très souvent observés dans l'état de transe : la pesanteur (conséquence de la décontraction musculaire) et la chaleur. Il va ainsi en déduire les principes fondamentaux du training autogène. Sa méthode est un ensemble d'exercices soigneusement étudiés pour entraîner une déconnexion générale de l'organisme. Ces exercices, par analogie avec les anciens travaux sur l'hypnose, permettent toutes les réalisations propres aux états suggestifs. Ainsi, sans vraiment abandonner l'hypnose, Schultz en modifie la technique, entraînant les gens à une sorte d'autohypnose* fractionnée et tentant ainsi d'éliminer la suggestion.

Méthode Coué

« Tous les jours, à tous points de vue, je vais de mieux en mieux. »

Vous avez probablement déjà entendu cette phrase ! La méthode Coué tire son nom des travaux d'Émile Coué de La Châtaigneraie. Il s'agit d'une forme répétitive d'autosuggestion positive, visant à entraîner chez le sujet qui l'utilise une adhésion à ces affirmations, et en conséquence un mieux-être physique et psychologique.

Elle est fondée sur la suggestion et l'autohypnose, dont elle est considérée comme une forme aussi bien préventive que curative.

PNL

La programmation neuro-linguistique (PNL) a été inventée dans les années 1970 aux États-Unis par Richard Bandler (psychologue) et John Grinder (professeur de linguistique). Leur invention a modélisé la pratique de différents thérapeutes, dont Erickson en particulier.

Tout au long de notre vie, nous effectuons des programmations (P) de nos façons d'être, de penser, de nous comporter, en fonction de nos expériences. Cette capacité de programmation repose sur nos capacités neurologiques (N) à stocker et à organiser l'information perçue du monde extérieur. Le langage (verbal et non verbal) reflète sur le plan linguistique (L) cette manière de nous représenter le monde.

Il s'agit d'un ensemble de modèles et techniques qui, à travers une exploration précise des comportements, schémas de pensée et états internes, ainsi qu'une analyse des stratégies mises en place, permettent de réorganiser certaines de nos représentations mentales à la base de nos comportements ou émotions. Cela nous aide à modifier notre palette de réponses et à faire évoluer ou changer nos perceptions.

La PNL peut être employée en état de veille (ou état normal) ou en état d'hypnose, selon le protocole à appliquer et l'objectif à atteindre. L'hypnose, quant à elle, est basée sur des techniques de PNL ! Autrement dit, elles sont considérées par certains auteurs comme des sœurs jumelles.

CHAPITRE 2

ORIGINES DE L'HYPNOSE

Au programme

- **Quelques récits historiques**
- **Découvertes thérapeutiques**
- **L'hypnose au XXe siècle**

L'histoire de l'hypnose, parfois controversée, est difficile à retracer avec exactitude. Bien que le terme soit apparu assez tardivement, sa pratique remonte vraisemblablement à la nuit des temps !

Elle peut être conçue comme une forme de communication dès lors que les humains ont compris que l'art de soigner passait par la relation (faite de mots, regards, gestes…) avec le malade. Il semble que l'on puisse retracer les origines lointaines de la pratique de l'hypnose chez les guérisseurs chamans sur les peintures rupestres préhistoriques. De même, les Sumériens (3000 av. J.-C.) ont décrit sur leurs tablettes des méthodes hypnotiques.

Quelques récits historiques

Dans l'Antiquité

En Égypte, des écrits datant de la dynastie de Ramsès II (il y a trois mille ans) évoquent l'utilisation d'incantations pour traiter des affections des voies aériennes supérieures. Un papyrus trouvé par Georg Ebers (égyptologue allemand du XVIIIe siècle) contient la phrase : « Pose ta main sur la douleur et dis que la douleur s'en aille. »

Des hiéroglyphes nous informent qu'Amon guérissait sans remède, et que les paroles d'Horus faisaient baisser la fièvre et amenaient la guérison.

Comme les Égyptiens, les Grecs anciens pratiquaient une médecine par les songes dans leurs temples du sommeil. Le philosophe Socrate se décrivait comme « un accoucheur d'âmes », et à Delphes, les pythies se mettaient en transe pour communiquer leurs oracles aux visiteurs.

Dans la religion

Le roi Saint Louis aurait eu la faculté de « chasser le mal » en apposant les doigts sur le front des gens et en prononçant ces paroles : « Le roi te touche, Dieu te guérit ».

Saint Thomas d'Aquin écrivit : « Toute idée conçue dans l'âme est un ordre auquel obéit l'organisme. Ainsi, la représentation de l'esprit produit, dans le corps, la chaleur ou le froid, elle peut engendrer ou guérir la maladie ! »

Et dans la Bible, on trouve le fameux « Lève-toi et marche ! » : injonction hypnotique ou miracle ?

Face à toutes ces controverses, l'hypnose restera pendant longtemps, pour beaucoup, une histoire de sorcellerie ou de magie, ses résultats étant attribués à quelques rares guérisseurs dotés d'un pouvoir surnaturel. Cette situation perdurera jusqu'au XVIIIe siècle.

Concept de magnétisme animal

Paracelse et Mesmer

En 1529, Paracelse, médecin suisse, livre les premières données, considérées à l'époque comme scientifiques, sur le « magnétisme animal ». Selon lui, le malade guérit grâce à un « fluide réparateur » circulant d'un individu à l'autre.

Deux siècles plus tard (1766), le docteur Franz Anton Mesmer, son disciple, reprend le thème du magnétisme qu'il déclare lui aussi « naturel ». Il devient le premier « psychothérapeute » des temps modernes. Très controversé, il triomphe toutefois dans certains salons à la mode où les participants se prêtaient à la cérémonie du baquet.

Le baquet de Mesmer

En 1780, Mesmer, ayant un grand nombre de patients, exerçait des traitements de magnétisme collectifs prenant en charge jusqu'à une trentaine de patients à la fois ! Il officiait dit-on sur fond de pianoforte ou d'harmonica, assisté de beaux jeunes hommes. Au milieu d'une pièce où ne filtrait que très peu de lumière au travers d'épaisses tentures, trônait une caisse circulaire en bois de chêne (le fameux baquet) à moitié remplie d'eau, dans laquelle étaient immergés, entre autres, du verre pilé et de la limaille de fer. Le couvercle était percé de trous d'où sortaient des tiges métalliques pouvant être mises en contact avec différentes parties du corps. Les patients, reliés entre eux par des cordes, étaient assis autour de la caisse. Mesmer et ses assistants étaient armés de baguettes métalliques avec lesquelles ils touchaient les parties malades du corps des patients.

Tout ce rituel était basé sur la théorie du fluide circulant entre les différents éléments et capables selon lui de soigner les gens. Les réactions décrites vont de rien du tout à des sueurs ou de véritables crises de rires hystériques, ou encore de violentes convulsions appelées « crises magnétiques ».

En 1784, Louis XVI nomme une commission formée par des membres de l'Académie de médecine et de l'Académie des sciences, afin d'enquêter sur les travaux de Mesmer. Leur rapport fut défavorable, et le discrédit qui s'ensuivit signa la fin momentanée de l'âge d'or du mesmérisme.

Le marquis de Puységur

En magnétisant avec succès un jeune paysan, le marquis de Puységur, disciple de Mesmer, découvre par hasard en 1784 le somnambulisme provoqué. Il définit ce type assez particulier de sommeil comme un « état induit par l'action de la volonté sur le mouvement ». Pour lui aussi, cette volonté émane d'un fluide animal ! Officier d'artillerie rappelé par son régiment, il n'a hélas jamais pu continuer ses recherches.

Notion de suggestion

L'abbé Faria

Ce prêtre portugais (1746-1819) se positionne différemment de ses prédécesseurs. Selon lui, le fluide magnétique n'existe pas, et il insiste sur l'importance de la « suggestion ». C'est la naissance du « sommeil lucide », qui deviendra par la suite « l'hypnose ». Pour Faria, l'influence du langage est manifeste.

Dans un premier temps, l'abbé Faria sera rapidement oublié. Toutefois, ce sont certaines de ses théories qui formeront la doctrine de Nancy, cinquante ans plus tard (voir plus loin).

Braid : premier abord scientifique

Chirurgien écossais, James Braid va reprendre et améliorer les théories de Faria. Dès 1841, il abandonne définitivement le magnétisme animal pour poser les bases scientifiques de ce qu'il nommera officiellement « hypnotisme » en 1843. Selon lui, la transe hypnotique survient lorsque le patient est concentré sur une seule et unique idée (monoïdéisme*). « L'état hypnotique et les phénomènes qu'il comporte ont leur source purement subjective qui est dans le système nerveux du sujet lui-même. »

La théorie du magnétisme, trop impalpable, tend donc à être remplacée par l'idée d'une relation patient-thérapeute. De nombreux professionnels de la santé se lancent alors dans l'aventure de l'hypnose.

Retour du magnétisme

Un rapport rédigé par le docteur Husson en 1831 tente de réhabiliter le « magnétisme » auprès des Académies de médecine et des sciences. Husson y exprime clairement son désir de réserver exclusivement la pratique de l'hypnose à la médecine. Son rapport, qui fait scandale, ne sera toutefois pas publié, les Académies refusant de l'imprimer.

Découvertes thérapeutiques

École de la Salpêtrière

Elle fut fondée en 1878 par Jean-Martin Charcot, alors titulaire de la première chaire de neurologie. Selon lui, le sommeil hypnotique est une névrose n'existant que chez des sujets hystériques. Précisons que Charcot travaille alors dans un service où il ne voit que des personnes souffrant d'hystérie (pour la plupart des femmes) ; la plupart de ses expérimentations étant donc réalisées sur celles-ci. Les pathologies comme les convulsions ou paralysies ont selon lui une cause organique (en rapport avec l'utérus, d'où vient étymologiquement le mot « hystérie »).

Pour Charcot, l'hypnose serait provoquée par un instrument physique (aimants, métaux…), et non par la parole.

Le mérite de Charcot est d'avoir perçu l'importance du phénomène et de l'avoir utilisé. De plus, il a donné à l'école de la Salpêtrière une telle renommée qu'elle a attiré le jeune Sigmund Freud, alors âgé de vingt-neuf ans ; il y effectue en 1885 un stage de quelques mois auprès de Charcot.

École de Nancy

Le professeur Hippolyte Bernheim s'oppose aux travaux de Charcot en démontrant notamment que l'hypnose est un phénomène psychologique normal – aucune influence physique ou fluidique ! Il donne naissance au terme « psychothérapie » (1891), qui désigne sa méthode thérapeutique basée sur la suggestion hypnotique, et fonde avec ses confrères Liébeault, Beaunis et Liégeois l'école de Nancy. Elle recevra elle aussi la visite de Freud, qui y achèvera sa formation en hypnose.

C'est le début de la fameuse bataille des écoles de la Salpêtrière et de Nancy : l'hypnose en tant qu'« état pathologique » décrit par l'autorité médicale de l'époque, contre un « état naturel » soutenu par la très avancée école de Nancy. Autrement dit, c'est le « pouvoir des métaux » contre la « suggestion verbale ». La science tranchera en faveur de Bernheim près d'un siècle plus tard.

Freud et l'hypnose

Sigmund Freud, fondateur de la psychanalyse, avait été impressionné, étant jeune, par le magnétiseur public danois Carl Hansen. En 1885, il passa quatre mois à la Salpêtrière avec Charcot et devient lui-même praticien en hypnose. En 1889, il se rendit à Nancy pour rencontrer Liébeault et Bernheim.

Convaincu de la réalité du phénomène hypnotique, Freud a pratiqué personnellement l'hypnose dans son cabinet. Il finira par l'abandonner, trouvant une trop grande variabilité de la suggestibilité des patients et devant l'abord, un peu trop autoritaire à son avis, de ses confrères.

En 1917, lors de la XIXe conférence d'introduction à la psychanalyse, il déclara : « Je suis en droit de dire que la psychanalyse proprement dite ne date que du jour où l'on a renoncé à avoir recours à l'hypnose. »

Toutefois, il mentionnera l'hypnose dans la plupart de ses ouvrages. L'abandon de l'hypnose ne lui semblait pas définitif, et l'avenir lui a donné raison !

L'hypnose au XXe siècle

Le décès de Charcot et les travaux de Freud entraînèrent un certain désintérêt pour l'hypnose qui retomba dans l'oubli. Toutefois, quelques personnalités comme, entre autres, Pierre Janet ou

Heinrich Schultz poursuivirent des travaux sur les phénomènes hypnotiques. Cet oubli ne fut donc que momentané !

En effet, l'hypnose sera finalement officiellement réhabilitée en 1955 par un rapport de la British Medical Association. En 1958, elle est réintégrée dans la pratique médicale par l'American Medical Association.

En Russie

Ivan Petrovitch Pavlov (1849-1936), physiologiste russe, a mis en évidence l'existence du réflexe conditionné, et démontré comment un chien habitué à recevoir de la nourriture annoncée par un signal sonore (cloche) finit par saliver rien qu'en entendant ce même signal. On parle depuis du réflexe pavlovien. Ce même type de réflexe, ou apparenté, se retrouve dans une bonne part des conditionnements* humains que nous tentons de transformer grâce à l'hypnose !

L'hypnose est pour Pavlov un état physiologique intermédiaire entre le sommeil et la veille, une phase d'inhibition de certaines parties du système nerveux accompagnée d'une excitation de certaines autres zones du cerveau, permettant l'établissement du rapport avec l'hypnotiseur. De même, la suggestion représenterait donc une excitation d'un endroit du cerveau associée à l'inhibition d'autres zones de celui-ci.

Son étude du système nerveux aboutit au concept d'unité entre le physiologique et le psychologique, et lui permet d'élaborer la théorie neurophysiologique de l'hypnose, théorie considérée comme un tournant décisif : l'hypnose serait donc un état physiologique ! Ses premières applications pratiques se font notamment dans les cures de sommeil et dans le cas de l'accouchement sans douleur.

Ses travaux influencèrent considérablement l'étude de la physiologie nerveuse, de la psychologie et psychopathologie. Grâce à lui, l'hypnose est alors de nouveau mentionnée dans le domaine médical scientifique, et sa théorie se trouve être à la base de l'école d'hypnothérapie russe.

Aux États-Unis

Dave Kopelman (1900-1967), plus connu sous le nom de Dave Elman, entra en contact avec l'hypnose dès son jeune âge. Après une carrière en hypnose de spectacle, il l'enseignera à des médecins et dentistes. S'intéressant à la recherche et aux soins, il devint l'un des plus célèbres formateurs en hypnose clinique aux États-Unis. À sa mort, il laisse deux ouvrages considérés comme des classiques dans le domaine de l'hypnose médicale.

À partir des années 1920, les travaux de Milton Hyland Erickson (voir ci-contre) bouleversent les conceptions de l'hypnose et de la thérapie en général. L'« hypnose ericksonienne » naît en 1937, et va se développer grâce aux élèves et amis d'Erickson, comme Jay Haley, Ernest Rossi, Jeffrey Zeig et bien d'autres, qui font connaître et développent son œuvre.

En 1973, le nom d'Erickson devient connu du grand public suite à la publication par Jay Haley du livre *Un thérapeute hors du commun*. L'année suivante, Erickson rencontre, par l'intermédiaire de son ami Gregory Bateson, les fondateurs de la PNL, Richard Bandler et John Grinder. Au cours des six dernières années de sa vie, il accueille chez lui de nombreux psychothérapeutes venus du monde entier pour échanger sur l'hypnose, la thérapie, la vie en général. Chacun de ces thérapeutes créera par la suite sa propre manière d'utiliser les « outils ericksoniens ». Ainsi sont nées l'école de Palo Alto (systémique), la thérapie familiale ou ordalique (Jay Haley), la Nouvelle Hypnose (Daniel Araoz, William O'Hanlon), etc. Ernest Lawrence Rossi va s'intéresser quant à lui aux fondements psychobiologiques de l'hypnose.

Aujourd'hui, la pratique de l'hypnose thérapeutique a considérablement évolué. On gardera de Milton Erickson la mémoire d'un pionnier, d'un découvreur sans qui rien n'aurait été possible.

Milton Hyland Erickson

Milton Hyland Erickson, psychiatre américain né en 1901, était atteint de plusieurs handicaps dont la dyslexie, le daltonisme, l'insensibilité aux rythmes musicaux. Atteint de poliomyélite à dix-sept ans, il entendit le médecin annoncer à sa mère qu'il mourrait avant le matin ! Il mobilisa alors toutes ses ressources et réussit à survivre jusque-là, puis sombra dans un profond coma qui le laissera quasi entièrement paralysé. Seuls ses yeux pouvaient bouger. C'est cette immobilité forcée qui lui aurait permis d'aiguiser un sens de l'observation déjà développé.

En travaillant sur les effets de l'imagination, il découvre qu'il peut stimuler ses muscles et commence alors sa rééducation. Un an plus tard, il traverse l'Amérique en canoë pour tester sa forme retrouvée !

En 1928, il obtient un diplôme de médecine et un doctorat en psychologie. Il exerce en domaine hospitalier jusqu'en 1934, puis s'installe en Arizona avec sa famille et ouvre un cabinet privé. Il participe à la fondation de la Society for Clinical and Experimental Hypnosis.

À cinquante et un ans, touché de nouveau par la poliomyélite (une telle rechute est extrêmement rare), il continuera malgré les séquelles à pratiquer et à affiner sa technique. Vers la fin de sa vie, Erickson se déplaçait la plupart du temps en fauteuil roulant : son bras droit était très handicapé, son dos le faisait énormément souffrir, son corps balançait d'un côté à l'autre, et il avait du mal à parler. D'un naturel joueur, curieux de la vie, il utilisait son corps et ses différences et prenait plaisir à plaisanter avec ses patients, expérimentant avec eux de nouvelles approches. Il décède en mars 1980.

Il a suivi près de 30 000 patients, donné de nombreux séminaires, conférences et consultations, formé de nombreux élèves et a (re)donné ses lettres de noblesse à l'hypnose. Il a inspiré de multiples pratiques qui se développent aujourd'hui encore. Erickson est considéré comme le père de la thérapie brève et de la communication moderne.

En France

Léon Chertok (1911-1991), psychiatre psychanalyste, reprend le flambeau de l'hypnose tout de suite après la Seconde Guerre mondiale. Il tentera toute sa vie de rester fidèle à la fois à Freud et à l'hypnose, imaginant celle-ci comme un lien psychosomatique qu'il situe au carrefour du psychique et de l'organique. Pour lui, l'hypnose est le modèle de référence de la relation médecin-malade.

Il dirigera le GEAM pendant dix ans avec Didier Michaux. Celui-ci crée par la suite, en 1990, l'Institut français d'hypnose (IFH), qui propose notamment des formations s'adressant aux professionnels de la santé.

En 1979, Daniel L. Araoz, sexologue et hypnothérapeute, parle de « Nouvelle Hypnose ». À la même époque, des gens comme Alain Cayrol, mais aussi les docteurs Jacques-Antoine Malarewicz et Jean Godin, importent cette « Nouvelle Hypnose » en France.

Le docteur Godin est par ailleurs considéré comme l'initiateur de l'hypnose ericksonienne en France. Il fondera à Paris, en 1984, le tout premier institut Milton H. Erickson, et en 1992 l'Association française de Nouvelle Hypnose (AFNH).

Ces divers courants ont inspiré de nombreuses écoles qui, depuis quelques années, fleurissent sous des appellations diverses : hypnose intégrative, humaniste, consciente, spirituelle, quantique, etc. Nous ne les aborderons pas dans cet ouvrage.

CHAPITRE 3

L'HYPNOSE DANS TOUS SES ÉTATS

Au programme

- **Les différentes formes**
- **Les différentes pratiques**
- **Domaines d'utilisation plus atypiques**

Tout le monde a déjà entendu parler d'hypnose, d'état d'hypnose et même très certainement de transe – mais savez-vous qu'il existe différentes formes d'hypnose, et différentes façons de les mettre en pratique ?

En effet, les différents courants évoqués dans le chapitre précédent ont donné naissance à de nombreuses manières de pratiquer, ainsi qu'à des écoles diverses et variées.

Nous aborderons ici les types d'hypnose les plus couramment reconnus et utilisés par le plus grand nombre. Nous verrons également leurs utilisations habituelles ainsi que quelques pratiques plus marginales.

Les différentes formes

Il existe plusieurs formes d'hypnose, même si toutes ont pour objectif d'obtenir chez l'individu un état de conscience lui permettant d'avoir accès à ses ressources inconscientes. Les différences résident aussi bien dans la façon d'obtenir cet état de conscience particulier que dans l'esprit dans lequel est conduite la séance elle-même.

Ainsi, la forme d'hypnose utilisée dépend souvent essentiellement de la formation du praticien, mais également de son caractère, de ses préférences…

Une pratique précise se révèlera d'une redoutable efficacité chez certains individus, mais sera discutable chez d'autres, où nous préférerons alors agir différemment.

Enfin, certaines indications demandent d'utiliser des formes différentes d'hypnose à des fins de meilleure adéquation à la problématique et aux solutions à trouver. Tout est question d'adaptation à l'individu et son environnement !

L'hypnose classique

« 1,2,3 dormez ! » pourrait être considéré comme une phrase clé de l'hypnotiste classique. Vous avez certainement déjà assisté à un spectacle d'hypnose, ne serait-ce qu'à la télévision, qui en diffuse de plus en plus souvent. L'hypnotiseur demande à la personne de n'entendre que sa voix, de regarder seulement ses yeux, compte jusqu'à 3, et hop, le participant tombe dans ses bras ou s'effondre sur le plateau ! Comment cela est-il possible ?

Notons qu'en spectacle, l'entrée en transe doit être réussie et extrêmement rapide pour faciliter la distraction du public et la confiance en l'hypnotiseur. L'hypnose classique est donc caractérisée par un abord très directif, voire dominateur, de ce dernier.

Les sujets qui se prêtent à l'expérience sont des personnes extrêmement sensibles et répondant bien à cette méthode. Elles sont choisies par l'hypnotiseur par des tests de suggestibilité effectués parfois hors antenne, parfois sur le plateau devant le public.

« L'autre » Messmer

Depuis quelques années, Messmer le Fascinateur, avec son regard d'un bleu intense et son charisme indéniable, semble prendre le devant de la scène en France. Né en 1971, ce mystérieux artiste québécois s'intéresse à l'hypnose dès son plus jeune âge, et emprunte en 1995 ce pseudonyme à Franz Anton Mesmer, fondateur de la théorie du magnétisme (voir chapitre 2).

Lors d'un spectacle, il hypnotise un grand nombre d'individus afin de leur faire jouer des rôles, de les faire voyager dans le temps, vivre un accouchement, ou encore de les installer entre deux tréteaux avant de demander à quelqu'un de s'asseoir sur leur abdomen.

Pour cela, il utilise une combinaison de facteurs : la suggestion, l'influence, les facteurs psychologiques, la réceptivité des sujets aux tests qu'il exécute sur scène devant le public, mais aussi d'autres techniques reposant sur la gestuelle, la musique, la scénographie et d'autres artifices que nous ne dévoilerons pas ici… L'artiste arrive également à ses fins, grâce au désir du spectateur d'être le centre d'attention de la soirée !

Si cette forme d'hypnose est surtout celle des spectacles de cabaret ou de télévision, de plus en plus de thérapeutes l'apprennent, car son utilisation peut permettre non seulement de contrer les résistances de certaines personnes, mais aussi, par la rapidité de l'induction, de gagner du temps sur la séance d'hypnose elle-même.

L'hypnose ericksonienne

Techniquement beaucoup plus complexe que l'hypnose classique, elle tient son nom du célèbre Milton Hyland Erickson. C'est l'aboutissement de l'art du langage utilisé en hypnose, de la communication à de multiples niveaux, ainsi que d'une approche stratégique de la thérapie ; tout cela a transformé la pratique moderne de la plupart des psychothérapies.

Si, dans son approche, Milton Erickson n'était pas dominateur, il restait toutefois assez directif : il décidait de l'objectif et des étapes de la thérapie, quoi qu'en pense le patient. Il a ainsi pu développer des outils capables de contrer les résistances. Il pratiquait une forme d'hypnose purement « médicale », c'est-à-dire qu'il s'occupait uniquement de la santé sans s'attacher au développement personnel.

Le seul véritable « ericksonien » était Milton Erickson lui-même, tant sa pratique était spécifique.

La Nouvelle Hypnose

Notre époque, plus encline à la libre décision, l'autonomie et l'évolution personnelle, fait que les praticiens actuels apprécient un type d'hypnose un peu différent. C'est Daniel Araoz qui inventa le terme de Nouvelle Hypnose en 1979.

Plus permissive et plus subtile que l'hypnose ericksonienne, cette forme se prête mieux au bien-être et à la connaissance de soi.

Se voulant plus respectueuse de l'individu, de ses besoins et attentes, de sa relation à l'autre et aux autres, de sa place dans le monde, la Nouvelle Hypnose semble être le résultat d'une sorte de mutation. Elle conserve certains outils de l'hypnose ericksonienne qu'elle adapte au goût du jour, et complète de nouvelles notions plus discrètes et subtiles (participation du patient, métaphores plus élaborées, communication subliminale, suggestions camouflées, etc.) qui seront abordées ultérieurement dans cet ouvrage.

De nos jours, c'est cette forme d'hypnose que l'on rencontre le plus fréquemment chez les praticiens, même s'ils se disent d'obédience ericksonienne.

L'hypnoanalyse

Cette méthode combine hypnose et psychanalyse. Le praticien induit une transe légère pouvant permettre au patient de passer outre les barrières et blocages subconscients et de trouver des éléments qu'il n'aurait pas pu atteindre à l'état de veille. L'hypnose devient ici un catalyseur du processus analytique.

Les différentes pratiques

L'hypnose formelle

On appelle « formelle » une méthode où la personne sait pertinemment qu'elle va être hypnotisée. Elle peut être aussi bien utilisée en spectacle qu'en thérapie ou en médecine. Que la suggestion soit « 1, 2,3 dormez ! » ou bien « Installez-vous confortablement, fermez les yeux… », la personne sait que d'une façon ou d'une autre, elle va vivre un état de transe. C'est même elle qui a choisi de consulter un praticien ou de monter sur la scène !

L'hypnose conversationnelle

C'est à Milton Erickson que nous devons les tournures linguistiques propres à ce type d'approche. Ne nécessitant justement pas de transe formelle, l'hypnose conversationnelle consiste à mobiliser l'inconscient du patient tout en discutant avec lui. Elle est aussi appelée « communication hypnotique » ou hypnose « indirecte », par opposition à l'hypnose directe souvent utilisée par les cliniciens. Bien qu'elle soit utilisée en thérapie, ses applications dépassent le cadre purement thérapeutique, et rejoignent, comme nous le verrons plus loin, d'autres domaines, tels que le coaching, et, avec des buts parfois plus discutables, la communication d'influence (politiques, commerciaux, médias…).

L'autohypnose

L'autohypnose (*auto* = soi) permet d'atteindre l'état de conscience décrit plus haut en pratiquant cette méthode soi-même, sur soi-même et pour soi-même. Vous avez bien lu : il s'agit de vous hypnotiser vous-même ! Pour quoi ? Pour trouver à l'intérieur de vous-même les solutions dont vous avez besoin.

Domaines d'utilisation plus atypiques

Marche sur le feu

La marche sur les charbons ardents existe chez les hindous, les bouddhistes ou encore les Indiens d'Amérique. Grâce à l'autohypnose, les personnes marchant sur les braises parviendraient à dissocier les sensations cérébrales des signaux physiques douloureux émis par leur corps.

Il semble y avoir peu de différence entre un état de transe provoqué par ces rituels et l'hypnose pratiquée à des fins thérapeutiques. Certains sceptiques, cependant, font valoir que les braises ne sont pas d'assez bons conducteurs pour causer des brûlures graves, protection augmentée encore par l'humidité de l'air. Qu'en est-il réellement ?

Sur des charbons ardents

Sans doute avez-vous entendu parler de la fameuse « marche sur le feu » des séminaires d'Anthony Robbins ? Il s'agit de parcourir quelques mètres sur des braises rouges chauffées à environ 700 degrés, sans se brûler ! L'objectif serait de transcender ses limites en vue de parvenir au pouvoir illimité. Elle connaît un véritable essor aux États-Unis, où des millions de personnes ont essayé de marcher sur des braises en vue d'obtenir une certaine force spirituelle. Elles affirment surmonter ainsi leur anxiété et gagner une plus haute estime d'elles-mêmes. En effet, quiconque est capable de marcher sur des charbons ardents est censé devenir insensible à la douleur par le biais de l'autohypnose...

Hypnose animale

Vous avez très certainement déjà vu, en spectacle ou à la télévision, un hypnotiseur « endormir » une poule en la saisissant fermement, ou encore un lapin en l'allongeant sur le dos ! Peut-être avez-vous entendu parler de la méthode de certains pêcheurs, qui consiste à caresser les truites en suivant un rythme régulier d'une grande douceur, afin de les calmer en les maintenant immobiles pour ensuite s'en saisir ? On parle là d'hypnose animale. D'ailleurs, certaines espèces utilisent l'hypnose pour la reproduction (dont des araignées qui rendent la femelle inoffensive pour les mâles plus faibles), d'autres pour la chasse, comme les serpents qui hypnotisent leur proie.

Certains auteurs considèrent que les animaux simulent la mort, et expliquent l'hypnose animale comme une réaction de peur : les animaux se « figent » lorsqu'ils sont confrontés à une situation menaçante, évitant ainsi d'attirer l'attention sur eux.

Street hypnose

Depuis quelque temps, fleurit dans les rues de la capitale et des grandes villes un nouveau type d'hypnotiseurs originaires du spectacle ou thérapeutes. Ces « *street* hypnotiseurs », ou hypnotiseurs de rue, vont vers les passants avec un objectif : hypnotiser n'importe qui, n'importe quand, n'importe où ! Ils ne tiennent pas compte du bruit, de l'endroit, de l'environnement. Très rapides, ils n'ont besoin que de quelques minutes ! Ils se lancent à l'assaut des rues, des parcs, des bars pour faire découvrir cette expérience qu'est l'hypnose. Selon eux, l'hypnose de rue est une démarche de partage et de divertissement. Peut-être en avez-vous déjà rencontré ?

PARTIE 2

LES FONDEMENTS ET LES MÉCANISMES

CHAPITRE 4

PRINCIPES FONDAMENTAUX

« Longtemps on a considéré la pensée consciente comme la pensée par excellence : maintenant seulement nous commençons à entrevoir la vérité, c'est-à-dire que la plus grande partie de notre activité intellectuelle s'effectue d'une façon inconsciente. »

Nietzsche

Au programme

- **Les hémisphères cérébraux**
- **Les trois cerveaux**
- **L'inconscient**
- **La visualisation**
- **La perception sensorielle***
- **Les métaprogrammes***
- **La proxémique**
- **La calibration***
- **La synchronisation* (ou accordage)**

Il ne saurait être question d'hypnose sans évoquer l'inconscient et les nombreuses notions associées, qui constituent les bases fondamentales de cette dernière. Pour tenter de comprendre cette méthode, il est en effet important de connaître le fonctionnement de l'esprit humain, ainsi que le langage propre de l'hypnose.

Nous développerons plus particulièrement ici les concepts provenant de l'hypnose ericksonienne, basée sur une approche médicale essentiellement, puisque c'est la plus répandue actuellement en France. Nous évoquerons également son évolution relativement récente vers des techniques valorisant plus particulièrement les aspects de la qualité de vie et du développement personnel.

Les hémisphères cérébraux

La découverte scientifique du rôle spécifique de chaque hémisphère cérébral est primordiale. Il s'agit là d'un emprunt à la médecine et à la chirurgie neurologique : de nombreux travaux sur les deux hémisphères du cerveau ont été réalisés.

Il existe une répartition « spatiale » des fonctions des deux hémisphères, qui traitent en effet l'information de façons différentes. Ainsi, la majorité des informations sont « croisées » entre le cerveau et le corps, chaque hémisphère commandant le côté controlatéral (opposé) du corps. Par exemple, une atteinte de l'hémisphère gauche lors d'un accident vasculaire cérébral (AVC) entraînera un trouble de la parole associé à une paralysie (hémiplégie) de l'hémicorps droit.

La répartition de la fonction « psychique », en revanche, semble moins formelle, mais la « coopération » entre les deux côtés est constante.

- **Le cerveau gauche** régit essentiellement l'éveil. Il est reconnu comme étant responsable de la parole, de notre côté rationnel, logique, analytique. Son mode d'action est considéré comme plutôt focalisé : il est le siège de notre activité consciente.
- **Le cerveau droit** est plus particulièrement responsable de notre expression non verbale, le siège de notre intuition, de notre créativité. Il serait également le siège de nos émotions. Il se manifeste pendant le rêve, la rêverie, l'activité artistique. Son mode d'action est plutôt global. On le considère donc comme le siège de notre activité inconsciente.

Certes, tout n'est pas si simple, mais on entendra parfois dire que les artistes seraient des « cerveaux droits », contrairement aux gens plus cartésiens que l'on traitera volontiers de « cerveaux gauches » !

Les trois cerveaux

Introduite par Paul Mac Lean en 1969, cette notion définit trois cerveaux distincts, qui seraient apparus successivement au cours de l'évolution de notre espèce. Elle repose sur le fait que l'évolution du cerveau humain s'est faite en plusieurs étapes, des sortes de « strates » comparables aux écorces successives d'un arbre et correspondant à l'apparition sur la terre des différentes classes d'animaux.

Reptilien

Apparu le premier dans l'évolution de l'espèce (il y a 400 à 500 millions d'années), le « cerveau reptilien » est la structure la plus ancienne de notre cerveau, situé le plus profondément. Il est ainsi appelé car il correspond à celui dont disposent encore amphibiens, poissons et reptiles. Il est par exemple à l'origine de la ponte des poissons, des migrations de certains oiseaux…

Il est dit « primitif » car il est responsable de l'instinct de survie et de conservation, des besoins vitaux (nourriture, sommeil, reproduction…). Lieu des fonctions physiologiques de base (respiration, battements du cœur, tension artérielle, température…), il nous protège en maintenant la stabilité de ce qui est sécurisant pour lui. Ici siégerait le premier niveau de l'inconscient. Pas d'intellect ni d'émotion – ses comportements sont stéréotypés, préprogrammés ! En cas de stress, il connaît deux solutions : l'attaque ou la fuite !

Ce cerveau possède la capacité d'apprendre par conditionnement. Il n'a aucune notion du temps : pour lui, tout est « présent ». Ainsi, même les expériences vécues lorsque nous étions enfants restent stockées là, considérées comme actuelles, présentes. Les comportements induits par ce cerveau ne peuvent ni évoluer ni s'adapter à une situation, et sont à l'origine de la plupart des conflits intérieurs chez l'adulte.

Limbique

Plus récent dans notre évolution, il est apparu avec les premiers mammifères, il y a environ 100 millions d'années. Comme le précédent, il ferait partie de notre inconscient. Il aurait la capacité de mémoriser les choses agréables et désagréables à l'origine de nos émotions et jugements de valeur. Il déclenche les réactions d'alarme du stress, et filtre ce que nous pensons possible ou non dans la vie. Ainsi, il est le siège de nos « idées sur la vie », de nos croyances. Les apprentissages sont donc difficiles pour lui, il préfère les données simples. Créatif, il peut générer de la nouveauté en synthétisant de l'ancien (souvenirs). Selon les moments et les expériences de la vie, il peut s'allier avec le cerveau reptilien ou avec le troisième cerveau.

Néocortex

Résultat de la troisième et dernière phase de l'évolution, cette structure est la plus récente et située en périphérie du cerveau. Elle n'aurait que 3 millions d'années, date d'apparition des Australopithèques africains bipèdes (la position debout implique un développement accru du cerveau). C'est elle qui prend le plus de place en nous et que nous considérons comme notre « moi », car il s'agirait de notre seule partie consciente, correspondant véritablement au cerveau humain. Là se situe notre intellect, le siège du raisonnement logique, du langage, de l'écriture, de l'anticipation des actes. Ce troisième cerveau peut donc analyser, faire des comparaisons, et même avoir des pensées abstraites. Il crée aussi l'impression de distance ainsi que la sensation de « temps » : passé, présent, futur. Le néocortex apprend et évolue sans cesse.

Leur fonctionnement

Le cerveau reptilien passe son temps à refaire tous les jours la même chose, à condition qu'elle soit sans risque pour la vie. C'est très sécurisant pour lui ! Il vit donc le changement comme un traumatisme.

Lorsque les objectifs des cerveaux reptilien et limbique sont identiques, tout va très bien. C'est pour cette raison qu'il est confortable d'avoir un travail stable, de vivre tous les jours au même endroit, de manger à la même place à table, de vivre avec un compagnon fidèle…

Lorsqu'une personne décide de changer, elle le fait avec son néocortex. L'alliance se fait alors entre néocortex et cerveau limbique, créant ainsi un conflit avec le cerveau reptilien. Celui-ci se rebelle donc, et tente de faire peur à notre cerveau limbique afin de regagner son soutien, créant un dialogue intérieur répétitif que nous connaissons tous : « Tu ne pourras pas », « Tu n'arrives jamais à rien », etc.

Ces phrases, prononcées dans le passé par nos parents et éducateurs, ont été stockées par le cerveau reptilien, qui prend alors en quelque sorte la place de nos parents et s'en sert aujourd'hui pour se défendre. Cela provoque notre malaise.

Pour améliorer la situation et accéder sans mal-être au changement désiré, il est nécessaire d'établir une bonne communication entre notre conscient (néocortex) et notre inconscient (reptilien et limbique). L'hypnose est ici une méthode particulièrement indiquée.

L'inconscient

Ce terme revient souvent, mais nous ne pouvons pas affirmer à l'heure actuelle de façon scientifique qu'il existe une « entité » appelée ainsi, ni l'endroit où elle se situerait exactement dans le corps ou le cerveau. Nous savons en revanche qu'un très grand nombre de choses sont inconscientes, et se produisent avant que nous ne prenions conscience d'elles ou sans que nous ne les remarquions du tout. C'est la somme de ces éléments que nous appelons, par abus de langage, « inconscient », un peu comme s'il s'agissait bel et bien d'une entité à part entière.

Nous allons aborder ici les données les plus communément admises par les auteurs et enseignées par la plupart des écoles françaises.

Caractéristiques

Tout ce qui n'est pas conscient

Contrairement au conscient, représentant tout ce dont nous pouvons nous rendre compte et nous souvenir, l'inconscient est, comme son nom l'indique, la somme de tout ce qui n'est pas conscient. C'est un peu la face immergée d'un iceberg ! Il est également le siège de choses acquises dans notre enfance, par exemple, et qui sont devenues au fil du temps « automatiques ». La plupart d'entre nous ont ainsi appris à marcher, à lire, à écrire. Tout cela était à l'époque conscient, bien sûr, mais depuis, nous marchons, écrivons, lisons sans y penser…

L'hypercréativité

L'inconscient n'aime pas le vide et peut donc « fabriquer » n'importe quoi, de nouvelles ressources ou capacités, par exemple. Ceci est très intéressant pour atteindre un objectif ou améliorer un souci de santé – mais il peut aussi générer le syndrome de fausse mémoire dont nous parlions antérieurement dans cet ouvrage, il convient donc d'être particulièrement vigilant avec les créations de l'inconscient !

Littéral et enfantin

L'inconscient serait tel un enfant de six ans qui adore jouer et se faire plaisir ; il prend les choses au pied de la lettre, c'est pour cela qu'il aime les histoires, contes et métaphores* que nous verrons plus loin. Il n'entendrait pas les négations.

Fonctions

Vaste traitement de l'information

Contrairement au conscient, qui ne peut traiter qu'un petit nombre d'informations à la fois (environ 5 à 7 selon les études), l'inconscient est beaucoup plus rapide et effectue des tâches bien plus nombreuses et variées.

Connaissances et mémoire

L'inconscient gère toutes les choses apprises dans notre vie, savoir-faire, aptitudes, expériences vécues : il gère pratiquement notre mémoire. Ainsi, grâce à un accès à l'inconscient par l'hypnose, nous pourrons retrouver en nous certaines ressources parfois mises de côté, oubliées… ou en synthétiser de nouvelles.

Régulation

Respiration, battements cardiaques, température corporelle, ainsi que la plupart des rythmes hormonaux sont des exemples de fonctionnements vitaux continus de notre corps. Ces automatismes se produisent tous les jours sans que nous ayons à y penser. Ils sont inconscients !

Protection

L'inconscient nous protège, il est siège de notre instinct de survie ! Pour notre confort, il peut nous faire oublier des traumatismes, des informations inutiles. Là se trouve ce que l'on appelle l'observateur caché, une partie de nous qui veille à ce qui se passe et nous empêche, même sous hypnose, de faire quelque chose qui irait contre nos valeurs.

L'inconscient…

- représente tout ce qui n'est pas conscient ;
- est hypercréatif ;
- traite un grand nombre d'informations ;
- est littéral, enfantin ;
- est un réservoir de connaissances et de souvenirs ;
- régule nos fonctions physiologiques et hormonales ;
- joue un rôle de protection.

La visualisation

Définition

Il s'agit de la capacité à imaginer, à produire des images mentales représentant un objet, une situation, un lieu… Selon l'intensité des représentations, peuvent se déclencher des manifestations physiologiques et émotionnelles aussi importantes que le ferait la réalité !

Utilisation

« *Tout ce qui peut être imaginé est réel.* »

Picasso

Picasso avait raison : le fait de visualiser un état positif peut aider cet état à devenir réel. Nous utilisons donc cette capacité en hypnose pour agir sur des comportements ou des processus physiologiques afin de les changer ou de les améliorer.

Vous faites facilement la différence entre penser à quelque chose de désagréable ou à quelque chose d'agréable ? C'est bien de cela dont il s'agit ! Plus les images sont associées à des ressentis et émotions, plus cette méthode est efficace – autant donc que ce soit positif !

Exercice 1

Asseyez-vous, fermez les yeux et respirez calmement pendant deux à trois minutes. Laissez venir l'image d'un paysage que vous aimez tout particulièrement (mer, montagne, endroit favori…). Regardez bien en détail ce qu'il y a à voir dans cet espace. Vous pouvez regarder le chemin (route, escalier…) sur lequel vous marchez pour arriver dans ce lieu. Observez les éléments du décor autour (arbres, maisons, objets…), voyez la taille, les formes de ces éléments. Quelles sont les couleurs qui vous entourent ? Celle du ciel si vous êtes dehors ? Y a-t-il des nuages ou du soleil, peut-être des décorations, si vous êtes à l'intérieur ? S'il y a des personnages, voyez combien ils sont, ce qu'ils font et comment ils sont habillés. Profitez de ce moment pour bien tout regarder.

Ensuite, prenez deux ou trois grandes respirations et ouvrez les yeux pour revenir, bien présent, dans le lieu où vous êtes installé pour l'exercice.

La futurisation*, technique couramment utilisée, est une visualisation de l'état futur, de l'objectif atteint. Elle est également très importante !

Observation

Un confrère américain, le docteur Carl Simonton, cancérologue, a rendu populaire la visualisation à but thérapeutique. Il observe notamment que les patients qui guérissent du cancer sont des « battants » persuadés du fait qu'ils peuvent guérir et qui se voient le faire.

Nous utilisons une telle façon de faire en demandant aux patients de visualiser leur cancer ou autre maladie sous une forme particulière, et d'imaginer les éléments nécessaires à leur guérison (globules blancs, molécules médicamenteuses, par exemple) en train de dévorer les cellules cancéreuses.

Il va de soi que le traitement hypnotique est complémentaire au traitement médical et ne s'y substitue en aucun cas !

La perception sensorielle

Définition et détermination

Nous possédons tous cinq sens : la vue, l'odorat, l'ouïe, le goût, le toucher. En hypnose aussi, ces sens sont particulièrement importants, car chaque individu favorise l'un ou l'autre. Ainsi, on parle de VAKO* pour Visuel, Auditif, Kinesthésique* (toucher), Olfactif. Parfois, on ajoute le goût : G ! Les trois derniers (K, O, G) sont considérés comme faisant partie du canal kinesthésique. Cependant, on utilise plus généralement l'abréviation VAKO.

On peut reconnaître la prédominance sensorielle d'une personne en écoutant ses mots, sa façon de parler, les expressions qu'elle utilise le plus souvent, mais aussi sa posture, sa gestuelle, etc.

Langage

Une personne à prédominance visuelle utilisera des expressions telles que « Je vois », « C'est clair », « Elle m'en fait voir de toutes les couleurs »…

D'une personne privilégiant l'audition, vous entendrez plutôt « Il y a quelque chose qui cloche », « Ça sonne faux », « J'entends bien », « Je vous écoute »…

Quelqu'un de plutôt kinesthésique emploiera pour sa part « Je le sens pas ! », « Ça m'a beaucoup touché », « Je suis déstabilisé »…

Exercice 2

Demandez à un ami de vous décrire, par exemple, son dernier repas au restaurant. Notez :

- s'il vous parle essentiellement du décor aux couleurs douces ou chamarrées assorties aux nappes et serviettes, des vêtements des serveurs, de la décoration de la table et des assiettes ;
- s'il vous décrit l'ambiance de l'endroit, calme ou animée, sa discussion avec les gens de la table voisine ou avec la personne qui l'accompagnait ;

- s'il a été particulièrement marqué par le confort des banquettes, la température de la pièce, les odeurs de cuisine venant jusqu'à la salle et le goût des aliments.

Dans le premier cas, votre ami est principalement visuel, dans le deuxième plutôt auditif, dans le dernier kinesthésique.

Indices corporels

Une personne plutôt visuelle aura une posture élancée, droite ; sa respiration est rapide, haute, le ton de sa voix est plus volontiers aigu, son débit rapide.

Le sujet kinesthésique se montrera plus facilement affalé sur son siège, avec une respiration lente, basse, abdominale. Il parle en général lentement et d'une voix grave.

L'auditif se situe à peu près au milieu. Il a une posture en règle générale harmonieuse, sa respiration est moyenne, le débit verbal et le ton de sa voix sont intermédiaires entre les deux précédents.

Attention : il ne s'agit ici que d'indications sur les canaux préférentiels d'un individu et non de la « vérité vraie ». Il ne faut pas, en effet, généraliser : une personne plutôt visuelle dans son travail peut être plus kinesthésique dans un autre domaine, elle peut avoir une voix grave, etc.

Position des yeux

Certains auteurs considèrent que la direction du regard au moment où une personne évoque des souvenirs, ou des événements présents ou futurs, aurait également une importance. Ce thème est plus fréquemment utilisé en PNL et nous ne le détaillerons pas ici, mais vous pourrez mieux le découvrir dans des ouvrages traitant de ce sujet.

Utilisation

Observer le canal de prédilection d'un patient peut être extrêmement utile dans sa prise en charge thérapeutique. Nous nous en servirons pour lui parler dans son propre langage. Ainsi, une personne essentiellement auditive sera par exemple plus attentive au son de la voix du praticien, aux bruits environnants, à la musique de relaxation qui flotte éventuellement dans la pièce... Un individu kinesthésique prendra en compte le confort du fauteuil, un patient plutôt visuel fera attention au décor...

Repérer ces éléments permet au praticien de comprendre le mode de fonctionnement du patient et de s'y adapter, pour les inductions par exemple.

Dans la vie quotidienne

Pour une meilleure compréhension, observons ce qui se passe dans la vie quotidienne. En couple, par exemple : si monsieur est plutôt « visuel » et madame plutôt « auditive », chacun devra s'adapter à la façon que l'autre a d'appréhender la réalité, sinon, des difficultés de communication peuvent surgir ! Ainsi monsieur peut passer son temps à montrer à madame qu'il l'aime par des petits cadeaux, des attentions... qu'elle ne verra pas, puisqu'elle a besoin *d'entendre* qu'il l'aime ! Et l'inverse est vrai également.

Il est donc primordial de s'accorder sur le sens de prédilection de son partenaire, ami, etc.

Les métaprogrammes

Définition

Nés dans les années 1970 avec la PNL, les métaprogrammes sont des filtres à travers lesquels nous sélectionnons et traitons les informations perçues, afin de construire notre propre représentation du monde. Si ces filtres peuvent varier selon le contexte, il y a toutefois une tendance générale chez chaque individu.

Les étudier donne des informations sur la structure et le fonctionnement d'une personne, ses principales stratégies. Ils sont le plus souvent classés en trois grands types.

Mode de perception des choses

- **VAKO :** prédominance sensorielle d'une personne pour percevoir le milieu extérieur. C'est le VAKO externe.
- **Spécificité/globalité :** aptitude d'une personne à percevoir en premier lieu, dans une situation donnée, face à un paysage, lors d'un événement, etc., soit les détails de la scène, soit l'ensemble des choses.
- **Intérêts principaux :** chaque individu a des préférences différentes. Il peut ainsi privilégier les personnes, les activités, les lieux, les objets, les informations. Nous avons rarement une seule préférence : souvent, deux ou plus sont combinées, avec un filtre dominant les autres. Il est aussi entendu que ces centres d'intérêt peuvent varier en fonction du contexte. Ainsi, nous pouvons apprécier essentiellement la beauté du paysage lors d'un séjour dans les îles, et être plus particulièrement attentifs aux gens ou aux sons dans le cadre de notre profession.
- **Direction de l'attention :** la personne est centrée sur elle-même (parle d'elle, de ses affaires, de son nombril) ou sur les autres. Là encore, il y a des variations selon les moments de la vie (âge, maladie…), le contexte (professionnel, personnel…), mais avec en général une dominante en toile de fond.

Classement et évaluation de l'information

- **VAKOG :** lorsque nous percevons les choses, nous nous les représentons de façon sensorielle, cette fois-ci à l'intérieur de nous – c'est le VAKO interne.
- **Associé/dissocié :** comment nous impliquons-nous, en général, dans une situation donnée ? Faisons-nous partie de la scène comme si nous étions dans le film ou sur la scène du théâtre (associé) ou sommes-nous à distance tel un spectateur (dissocié) ?
- **Similitude/différence :** certaines personnes adorent tout comparer. Ainsi, lorsqu'elles comparent une situation à une

autre, le font-elles en privilégiant leurs différences ou leurs ressemblances ?

- **Tournure d'esprit :** tendance à remarquer soit tout ce qui manque à une situation ou un contexte, soit à voir au contraire ce qui est présent.
- **Perception du temps :** certaines personnes vivent dans le présent, d'autres en sont dissociées ; certaines font spontanément référence au présent, d'autres au passé ou futur.

Motivation et action

- **Motivation :** l'individu préfère « être », « avoir » ou « faire » : est-il motivé par la nécessité, le devoir ou le plaisir ?
- **Conviction :** nombre d'éléments nécessaires pour se convaincre d'agir : nombre de compliments, de répétitions ou d'affirmations du type : « Je peux le faire »...
- **Aller vers/éviter :** sans caricaturer, nous avons tous un mode de fonctionnement qui consiste soit à « partir de », soit à « aller vers ».

Exercice 3

Demandez à un ami pourquoi il a changé d'appartement, par exemple, et écoutez ses réponses :

- l'ancien était trop cher, bruyant, trop petit, stressant ?
- il avait envie de quelque chose de plus grand, plus chaleureux, plus calme ou animé, plus attractif ?

> Dans le premier cas, il a changé par fuite, pour « partir de » quelque chose qui ne lui plaisait plus, dans le second il est « allé vers » quelque chose qui lui convenait mieux.

- **Référence interne/externe :** agissez-vous en fonction de ce que vous pensez (référence interne) ou de ce que pensent les autres (référence externe) ?

- **Manière d'entrer dans l'action :** certaines personnes sont passives, d'autres actives, et certaines créent même les choses (proactives) !
- **Analytique/global :** tendance à lire soigneusement les modes d'emploi ou à plutôt faire confiance à sa créativité.

La proxémique

Définition

Il s'agit de la distance (« proximité ») à laquelle le praticien hypnotiseur se tient par rapport à la personne à hypnotiser. Pour comprendre l'importance de cette distance et sentir son impact, faites l'exercice ci-dessous.

Exercice 4

Faites cet exercice avec un partenaire.

- Demandez-lui de se tenir debout en face de vous, à environ 2 mètres, sans bouger ;
- avancez progressivement vers lui, doucement, jusqu'à ce que vous sentiez ou qu'il vous dise qu'il se sent gêné par votre rapprochement : vous trouvez alors la distance minimale à laquelle il se sent bien ;
- refaites la même chose sur les côtés droit et gauche, en avançant latéralement (épaule vers épaule) et derrière lui. Notez également la distance à chaque fois.

Inversez les rôles et refaites le même exercice ; faites la même chose en position assise et en bougeant les chaises ; faites les mêmes tests avec d'autres personnes.

> Que remarquez-vous, quelles sont vos impressions ? Les distances sont-elles différentes selon les endroits, la personne qui avance, la position debout ou assise ? Que ressentez-vous quand la personne est très proche de vous ?

Très souvent, il est plus facile de s'approcher de quelqu'un sur les côtés que par l'avant ou par l'arrière. Il en résulte une forme de « bulle de proxémique » ovoïde, allongée en avant et en arrière, et plus serrée au niveau des côtés. Cette distance varie d'un individu à l'autre et en fonction du degré d'intimité avec l'autre. Vous laisserez plus facilement approcher un ami que quelqu'un d'inconnu, et votre conjoint pourra entrer dans une bulle beaucoup plus intime encore.

Utilisation

En hypnose, cette distance est importante en fonction de l'effet souhaité. Par exemple, en thérapie ou en coaching, le praticien sera souvent à une distance « sociale » (1,5 à 2 m) au début de l'entretien. Il peut se tenir en face et légèrement décalé, ou tourné sur le côté droit ou gauche, ce qui est plus facilement apprécié. Pendant la séance, lorsque la confiance s'installe, il peut, pour avoir un impact plus important, se rapprocher – en respectant tout de même une distance raisonnable (80 cm à 1,5 m). Cette distance dépend aussi de l'âge du patient (adulte, enfant), de son sexe, de la raison pour laquelle il consulte, de son besoin de sécurité, d'indépendance, etc.

En hypnose de spectacle, cette distance est souvent plus réduite. L'hypnotiseur, qui doit faire des inductions très rapides, se tient en général bien en face et assez proche, suffisamment pour asseoir son pouvoir, regarder la personne dans les yeux de près et paraître en quelque sorte plus puissant ; la personne, ainsi plus impressionnée et davantage sous son emprise, sera alors plus suggestible.

La calibration

Basée sur une observation fine et détaillée de la personne, sa posture, son comportement, ses gestes, attitudes, etc., elle est primordiale en hypnose.

- **Le VAKO :** nous avons vu que connaître le canal préférentiel de quelqu'un est important. C'est essentiellement sa façon de parler, les mots employés, qui permettront de l'identifier.

- **La physiologie :** la tenue d'une personne, sa posture bien droite ou voûtée, la façon dont elle serre la main, fermement ou avec mollesse, donnent des indications sur son état de détermination, de confiance en elle ou au contraire de fatigue ou de déprime.
- **La façon de parler :** le débit verbal, les mots employés, le ton de la voix, certaines vibrations dans celle-ci permettent de pressentir le contexte émotionnel.
- **Les micromouvements :** certaines mimiques (pincement de lèvres, clignements d'yeux, etc.), peuvent permettre de savoir si une personne cache quelque chose et de percevoir son contexte émotionnel.

Dans la fiction

Certains d'entre vous ont certainement vu les séries télévisées *Mentalist* ou *Lie to Me*. Bien que différents dans leur style, les personnages de Patrick Jane et de Carl Lightman ont le même objectif : démasquer les coupables en traquant mensonges et autres comportements apparentés.

Patrick Jane, en buvant tranquillement un thé, pose des questions très simples au sujet desquelles les personnes interrogées n'ont aucune raison de mentir : leur nom, leur métier, leur adresse... Il observe la manière dont la personne dit la vérité (ton de voix, regard, posture, respiration, temps de réponse, etc.), puis il lui demande si elle a tué le personnage décédé au début du film, ou si elle a vu quelque chose, ou si elle connaît le meurtrier... Il lui suffit alors de comparer avec les paramètres précédents pour savoir si le suspect ment ou non !

Carl Lightman peut pratiquer de même, mais il a généralement un abord beaucoup plus frontal : le plus souvent, il demande directement à la personne si elle est coupable ou si elle sait quelque chose, et il observe essentiellement ses réactions physiques. D'après les mimiques du visage le plus souvent (yeux, lèvres, sourcils...), il décode d'éventuels sentiments cachés (colère, frustration, agressivité, mépris, tristesse...).

Pas question ici de prendre ces séries comme modèles de séance d'hypnose ; nous souhaitons simplement montrer de façon simple, concrète et probablement connue par de nombreux lecteurs, comment l'observation attentive de certains paramètres permet de repérer un état émotionnel et un mensonge. Il s'agit bien ici d'exemples de calibration verbale et non verbale !

La synchronisation (ou accordage)

Définition

Un thérapeute ericksonien montre par sa posture, ses gestes, sa voix, qu'il est totalement attentif à son patient, en accord avec lui. Il tente de se mettre « en phase » avec lui et de parler le même langage : c'est ce que l'on appelle accordage ou synchronisation.

Cette attitude du corps du thérapeute, à la recherche d'une similitude dans sa posture et sa gestuelle avec celles du sujet, sert à créer le lien indispensable à une confiance qui l'est tout autant. Elle permet de mieux comprendre la personne traitée, d'être sur la même longueur d'onde qu'elle. Certains auteurs ont utilisé le terme de « transe partagée » pour décrire cette expérience – en effet, le praticien, en observant chaque signe du patient avec une attention intense, le devance dans la phase hypnotique.

Une communication polymorphe

Le praticien se synchronise avec son patient sur différents plans. Il s'accorde sur son langage, ses termes (plan verbal) mais aussi sur tout ce qui n'est pas verbal, soit 93 % de la communication ! « On ne peut pas ne pas communiquer » – c'est vrai, et c'est essentiellement de manière non verbale que nous le faisons ! Parfois, un silence ou un regard en dit vraiment plus long qu'un grand discours.

Ainsi, le praticien se synchronisera également sur la gestuelle de son interlocuteur, sa posture, ses mouvements, mais aussi sur sa respiration, son humeur, sa vision du monde et bien d'autres choses encore. Cela doit bien entendu rester subtil, il ne s'agit pas de singer l'autre.

CHAPITRE 5

PROTOCOLES ET LANGAGE HYPNOTIQUES

« Le langage ne reflète pas la réalité, il la crée. »
Paul Watzlawick

Au programme

- **Milton modèle***
- **Notion de dissociation***
- **Inductions**
- **Suggestions**
- **Métaphores**
- **Principales techniques**
- **Principaux phénomènes hypnotiques**

En hypnose, tout est dans l'art de la suggestion, du savoir parler, de la communication. Nous allons aborder ici les différentes stratégies utilisées en hypnose afin d'aider le patient à atteindre cet état et à y trouver ses solutions.

Rien n'est figé dans ce domaine et l'adaptation à l'autre est primordiale pour une meilleure efficacité de la prise en charge. Ainsi, s'il existe des techniques théoriques, chaque individu est unique ; il est donc nécessaire d'adapter les techniques à la personne concernée, et non l'inverse.

Milton modèle

Définition

Appelé ainsi par Bandler et Grinder en référence à Milton Erickson, il englobe des structures linguistiques particulières utilisées par ce dernier, et dont plusieurs principes ont été retrouvés et étudiés dans ses textes. Son objectif est de créer chez le patient une réalité nouvelle qui lui permettra de changer sa façon de vivre.

Langage de l'inconscient

Milton Erickson l'utilisait beaucoup ! Il s'agit d'un langage non spécifique, particulièrement et volontairement flou et imprécis : la précision est en effet apportée par celui qui écoute et non par celui qui parle. Qualifié encore d'« artistiquement vague », il est fait d'imprécisions qui permettent, paradoxalement, à l'inconscient du patient de comprendre ce qui lui est nécessaire.

À l'inverse du métamodèle* (langage de la précision), cette façon de parler utilise à dessein les généralisations*, les omissions* et les distorsions. Elle n'est pas compréhensible pour le conscient, pour lequel cela ne semble rien vouloir dire ! L'objectif, en coaching ou en thérapie, est une mobilisation des ressources et des potentiels inconscients.

Il s'agit d'un bon outil pour établir le rapport avec une personne, puisque rien ne lui est imposé. Son aspect flou permet d'éviter les résistances, d'où son intérêt particulier en thérapie.

Observation

« Vous pouvez peut-être vous laisser aller à vous relaxer tranquillement maintenant ou un peu plus tard. »

En prononçant cette phrase, le praticien laisse la liberté de se détendre, éventuellement, quand on le souhaite – rien n'est imposé ni précis !

Mais ce type de langage est aussi l'apanage, entre autres, des hommes politiques (langue de bois) ! Utilisé habilement, il permet de laisser croire aux gens qu'ils sont du même avis que l'orateur, alors qu'en réalité, bien que tous aient entendu la même chose, tous n'ont pas donné la même signification aux propos entendus.

Avez-vous remarqué comment, après un débat politique, vous avez peut-être la sensation que les protagonistes ont beaucoup parlé pour, parfois, n'avoir apporté que peu ou pas de réponse, ou des réponses partielles ? Il se peut même que vous n'ayez pas compris la même chose que votre voisin !

Observation

« On peut dire ce que l'on veut au sujet de cette maladie, il est parfaitement clair que la situation ne pouvait absolument pas évoluer autrement. »

Il peut s'ensuivre des questions des interlocuteurs comme :

« Je ne pense pas que c'est ce qu'il a voulu dire ! »

« Je n'ai pas du tout compris la même chose que toi ! »

L'habileté consisterait ici à chercher ce que notre interlocuteur a voulu dire, en le lui faisant préciser. On utilisera le métamodèle : « Qu'est-ce que vous voulez dire exactement, de quelle maladie parlez-vous ? » ; « Sur quoi vous basez-vous pour dire que l'évolution ne pourrait pas être différente ? », etc.

Notion de dissociation

Définition

On parle de dissociation quand une partie d'une personne fonctionne indépendamment d'une autre. Ce terme est souvent utilisé en psychiatrie pour décrire les psychoses, en particulier la schizophrénie, pour désigner une perte de contact avec la réalité. Des événements particuliers, tels un accident grave, un viol, etc., peuvent entraîner un état dissocié en créant un clivage de l'unité de la personne. Elle va en quelque sorte se dédoubler pour se protéger, éviter de ressentir.

La dissociation est également une expérience fréquente et naturelle que nous vivons tous au quotidien : en se déconnectant de son environnement, par exemple, en étant ailleurs, pensant à autre chose, le regard absent, perdu dans une rêverie… Le contact avec la réalité n'est pas vraiment absent, la conscience fluctuant en permanence autour d'un certain degré de dissociation.

La dissociation hypnotique consiste à séparer des choses non individualisées auparavant, ou à séparer un élément jusque-là unique en différentes parties : conscient/inconscient, esprit/corps, partie du corps/corps. Il s'agit d'une sorte de rupture temporaire d'unité dans le fonctionnement psychique de l'individu.

Utilisation

Processus hypnotique

La dissociation est la base même du processus d'induction hypnotique. Le travail du praticien consiste à favoriser la dissociation conscient/inconscient pour obtenir l'état de transe. Si le patient n'est pas sous hypnose, la séance n'a pas grande utilité. Il s'agit de mettre le côté cartésien, logique (plutôt attribué au cerveau gauche) au repos, au profit du côté créatif et créateur, facilitateur de ressources (cerveau droit).

Au cours de la séance

D'autres types de dissociations sont utilisés en fonction de l'objectif à atteindre.

- **Dissociation du temps ou de l'espace :** tout se passe alors comme si la personne était présente ici, et en même temps ailleurs.
- **Dissociation du sujet**, qui peut se voir en train de faire quelque chose comme sur un écran de cinéma. Il peut être spectateur de

certains faits, tout en étant conscient de ces faits. Ceci est utile, par exemple, pour travailler certains traumatismes ou phobies sans en ressentir trop fortement les émotions.

Inductions

Définition

Cela consiste, par le biais entre autres de suggestions, à amener le patient à se déconnecter progressivement de la réalité extérieure (logique, maîtrise, analyse) pour entrer dans une relation non seulement plus intime avec lui-même et son corps, mais également instinctive, intuitive, par rapport au monde qui l'entoure.

Les inductions sont employées dans toutes les formes d'hypnose, quel que soit l'objectif : spectacle, thérapie… Seule l'hypnose conversationnelle ne possède pas d'induction – ou ne donne pas cette impression.

Exemples d'inductions

Il existe plusieurs sortes d'inductions, adaptées à chaque personne en fonction de son mode de fonctionnement, de la problématique à résoudre, du bon vouloir du praticien et de beaucoup d'autres facteurs. Nous citerons ici les plus communément utilisées.

Induction par souvenir agréable

Il s'agit ici de se servir d'un souvenir particulièrement plaisant pour entraîner l'entrée en hypnose. Vous pouvez faire l'exercice ci-après pour expérimenter ce type d'induction.

Exercice 5

Installez-vous confortablement dans votre fauteuil préféré ou votre lit. Fermez les yeux et respirez tranquillement quelques minutes. Tandis que vous pouvez sentir la position de votre corps et entendre votre respiration, laissez venir, à votre rythme, un souvenir agréable (dernières vacances, activité de loisir ?). Le tout est qu'il évoque pour vous quelque chose de plaisant, sans rien de désagréable. Vivez-le au présent ! Retrouvez-en les détails : paysages, personnes, autres ? Soyez curieux de ce qui rend ce moment agréable pour vous. L'ambiance, l'environnement, les gens s'il y en a ? Peut-être pouvez-vous sentir le sol sous vos pieds si vous marchez, voir le décor, entendre des sons, une voix, ou tout simplement le calme, la tranquillité. Il y a peut-être de bonnes odeurs, un parfum ?

Retrouvez les sensations et émotions particulières de ce moment-là, où l'esprit et le corps se détendent et retrouvent leur liberté naturelle…

Lorsque c'est fait, laissez entrer en vous tout cela à chaque nouvelle inspiration. En soufflant, laissez ces choses se diffuser largement dans toutes les parties de votre corps. Faites cela plusieurs fois. Quand vous sentez que tout est bien pour vous, reprenez tout doucement contact avec le lieu dans lequel vous êtes, sentez votre corps dans votre fauteuil, ouvrez tranquillement les yeux et retrouvez la pièce où vous vous trouvez.

Induction par focalisation

Cette induction, que vous retrouverez parfois chez les hypnotiseurs de spectacle demandant de regarder leurs yeux par exemple, consiste à faire fixer un point à la personne qu'ils hypnotisent. Elle se focalise ainsi dessus, ce qui lui permet de laisser de côté d'autres éléments de l'environnement et d'entrer en transe.

Observation

Praticien : Fixez ce point situé sur le mur, juste en face de vous. Est-ce que vous le voyez ?

Patient : Oui, le point bleu là !

Praticien : Très bien, regardez-le bien fixement, tranquillement, focalisez-vous dessus et observez ce qui se passe. Fixez ce point, uniquement ce point ! Vous pouvez apercevoir sans bouger les yeux tout ce qu'il y a autour, mais regardez seulement ce point ! Au bout d'un moment, il est possible qu'il change, qu'il paraisse plus grand ou plus petit, qu'il devienne plus brillant ou plus flou, peut-être plus net ?

Patient : Oui... plus flou...

Praticien : Le point que vous fixez se modifie, change de plus en plus, regardez cela tranquillement et laissez votre corps vivre tout cela. Peut-être sentez-vous comme quelque chose de lourd dans vos paupières ? (Le patient cligne des yeux.) Elles peuvent se mettre à cligner, et, lorsque vous sentirez l'envie de les fermer, vous pourrez laisser faire. Vous laissez vos yeux décider s'ils ont envie de se fermer – maintenant ?

Le patient ferme les yeux.

Induction sensorielle

Il s'agit ici d'utiliser les différents sens du patient. En commençant par son canal sensoriel privilégié, nous ajoutons peu à peu des éléments correspondants à un autre sens, puis nous insérons des éléments du troisième. Nous allons ainsi l'accompagner progressivement vers des sensations de plus en plus intérieures à lui-même. À l'aide d'une sorte de ronde des sens, appelée aussi « spirale sensorielle », nous l'amenons à se centrer progressivement sur lui-même, en expérimentant des sensations dont il n'a pas forcément l'habitude, ce qui participe à l'entrée en hypnose.

Inductions olfactives et gustatives

Utilisées chez les personnes qui privilégient ces sens-là dans leur appréhension du monde, ces inductions sont plus particulièrement adaptées pour travailler avec les patients sur leurs émotions ou souvenirs. En effet, les liens entre l'olfaction et les émotions sont bien connus !

La perception d'un goût ou d'une odeur peut s'accompagner de réactions émotionnelles et nous reconnecter ainsi facilement aux souvenirs liés à ces émotions. Rappelez-vous la madeleine de Proust !

Suggestions

Définition

Suggérer est synonyme d'insinuer, d'inspirer, de sous-entendre. Il s'agit donc d'un moyen de communication assez courant au quotidien.

En effet, les suggestions sont utilisées tous les jours par chacun d'entre nous dès lors qu'il y a communication (avis, conseils, etc.). De natures diverses, elles sont utilisées en hypnose pour permettre au patient de faire émerger ses propres solutions.

Différentes suggestions

- **Directe :** phrase banale clairement énoncée afin de suggérer un comportement : « Fermez les yeux », « Asseyez-vous ». Le patient est libre ou non de le faire : il peut accepter ou refuser.
- **Directe camouflée :** imbriquée dans une phrase et pouvant passer inaperçue.
- **Indirectes :** ont également un objectif, mais qui n'est pas clairement énoncé. Ainsi, le patient l'accepte quasi automatiquement, puisqu'il ne l'entend pas. Elles font partie de la communication habituelle en hypnose, notamment de type ericksonienne.

Observation

Vous avez sans doute remarqué que si vous dites, dans une soirée par exemple : « Il fait froid, vous ne trouvez pas ? », il se trouvera certainement quelqu'un pour fermer la fenêtre ou allumer le radiateur. Ce type de suggestion est une demande implicite (indirecte). La demande explicite serait : « J'ai froid, voudriez-vous fermer la fenêtre (allumer le radiateur), s'il vous plaît ? »

En hypnose, c'est ce genre de procédés indirects qui sont utilisés pour entraîner l'acceptation du patient. Ils sont employés également tous les jours en communication, par les vendeurs, par exemple.

- **Posthypnotiques :** pendant ou à la fin de la séance, pour que les effets de celles-ci se produisent au moment désiré – par exemple pour que le patient retrouve le calme à chaque fois qu'il en a besoin.

Métaphores

Définition et utilité

Histoires, allégories construites par analogie (ressemblance) avec le problème du patient, pouvant prendre l'apparence d'un conte, d'une légende…

Favorisant une valeur de compréhension plus forte ou plus riche à un niveau inconscient, la métaphore propose au patient de changer de cadre de référence, d'envisager un problème différemment. Entraînant un changement de manière indirecte en contournant rationalisation et intellectualisation, elle permet par exemple de dépasser une résistance, de prendre du recul par rapport à une situation, de faciliter un apprentissage, changer un comportement…

Les métaphores en hypnose

Selon Aristote, « les mots ordinaires transmettent seulement ce que nous savons déjà, c'est la métaphore qui peut le mieux produire quelque chose de nouveau ». Utilisées depuis très longtemps dans différentes cultures pour leur effet thérapeutique, ces histoires imagées paraissant au premier abord souvent très simples peuvent, en effet, avoir une réelle capacité à transformer ce que nous vivons. Adaptées à l'histoire de vie, à la personnalité et au problème du patient, elles peuvent lui permettre d'en changer sa vision ou sa perception.

Métaphores des patients

Les patients aussi parlent par métaphores : ils évoquent une migraine « comme un étau », un ulcère devient « une boule de feu dans le ventre », leur collègue de travail « une sorcière »… En écoutant les images, le praticien va tenter de repérer son fonctionnement et ses ressentis pour l'aider au mieux. Il va parler le langage du patient, reprendre les images de la personne afin de mobiliser ses ressources et d'induire un changement plus important. Il peut en inventer d'autres, similaires, influencées par les premières, qui agiront d'autant mieux qu'elles passeront plus inaperçues. Il peut aussi utiliser des histoires qui existent déjà.

Observation

Patiente (agacée) : J'en ai marre ! Je mange trop ! Mais c'est plus fort que moi, on dirait que le frigo m'appelle, je suis attirée par toutes les cochonneries possibles. Maintenant je suis trop grosse et j'ose même plus sortir ! Je me demande bien quoi faire.

Praticien (interrogateur) : Oui, ça me rappelle l'histoire d'une belette affamée qui entra dans le creux d'un arbre et mangea la nourriture que des chasseurs y avaient laissée. Mais son ventre enfla tellement qu'elle resta coincée ! Elle se mit à gémir et à se plaindre. Une autre belette l'entendit et s'approcha. Lorsqu'elle comprit son histoire, elle lui dit : « Reste donc là-dedans jusqu'à ce que tu sois redevenue comme tu étais en entrant, ainsi, tu sortiras sans peine ! »

Types de métaphores

Il existe une multitude de métaphores dans divers ouvrages, films, blagues, contes, fables… Elles doivent entrer en résonance avec ce que vit le patient.

Fables et contes

Les *Fables* de La Fontaine, publiées à la fin du XVIIe siècle, mettent souvent en scène des animaux et contiennent toutes une morale :

« Eh bien ! dansez maintenant. » *(La Cigale et la Fourmi)*

« On a souvent besoin d'un plus petit que soi. » *(Le Lion et le Rat)*

« Un tiens vaut mieux que deux tu l'auras. » *(Le Petit Poisson et le Pêcheur)*

« Rien ne sert de courir, il faut partir à point. » *(Le Lièvre et la Tortue)*

« Aide-toi, le Ciel t'aidera. » *(Le Chartier embourbé)*

Ces morales font toute la subtilité de la réflexion de ces fables apparemment innocentes. L'auteur disait de son travail : « Je me sers d'animaux pour instruire les hommes. »

Ce sont de véritables métaphores, au même titre d'ailleurs que les contes de fées, qui comportent le plus souvent une princesse, une méchante sorcière, un monstre, un prince charmant, un héros. Bruno Bettelheim a étudié le pouvoir libérateur du conte de fées sur les enfants. Il montre comment ces contes répondent à leurs angoisses en les informant sur les épreuves à venir et les efforts à fournir pour atteindre la maturité. S'identifiant au héros dans ses peurs, ses conquêtes, l'enfant fait de certains personnages ses alliés pour se rassurer.

Plus récemment, *Once Upon a Time*, série télévisée, revisite au goût du jour certains de ces contes dans une vision plus moderne, tout aussi métaphorique. On y met en perspective différentes versions de ces contes qui s'adapteront différemment au téléspectateur selon sa structuration psychologique.

Principales techniques

Les protocoles utilisés en hypnose étant nombreux et variés, nous ne citerons ici que quelques familles de techniques généralement employées. Leur description détaillée pourrait faire l'objet d'un ouvrage complet.

Il en est de même pour les phobies, les allergies et les deuils qui font l'objet de méthodes spécifiques permettant de les traiter en très peu de séances, parfois même une seule !

Ancrages

Définition

Un ancrage* est un élément du VAKO qui, lorsqu'il est activé, peut permettre de retrouver un état émotionnel déjà vécu, un souvenir, un état interne particulier. Au quotidien, il apparaît lors d'un comportement ou événement particulier, agréable ou désagréable, associé à un contexte (musique, odeur, animal, etc.) : ce sont les éléments « déclencheurs » de l'événement. Il s'agit en quelque sorte d'un conditionnement. Un très bel exemple en est la madeleine de Proust qui, grâce au goût et à l'odeur, ramène au présent tout un ensemble de souvenirs d'enfance.

Nous avons tous des ancrages « positifs » et « négatifs », liés par exemple à de mauvais souvenirs.

Utilisation

Un ancrage a pour fonction par exemple de maintenir ou de réactiver un état ressource, à savoir un état émotionnel positif, agréable, sécurisé. Souvent utilisé par les praticiens en début de séance ou pendant celle-ci, il permet de recouvrer cet état chaque fois que nécessaire. Il peut également être utilisé au quotidien chez soi pour gérer des petits soucis, se calmer suite à un événement agaçant, se relaxer… On peut aussi, grâce à un transfert de compétences, trouver par exemple la confiance nécessaire pour parler en public à partir d'une situation de confiance antérieure.

Les ancres sont diverses et variées, cependant les plus utilisées sont des gestes, des mots et des images qui peuvent être associés entre eux.

Observation

Joé est anxieux à l'idée de parler en public lors d'une présentation de projet dans son entreprise. Il a la gorge nouée, des palpitations, est prêt à faire un malaise rien qu'en y pensant !

Nous l'aidons à trouver une autre situation où il s'est exprimé en public en toute confiance, sans peur. Il peut s'agir d'une conférence, d'un examen. Nous le guidons pour qu'il revive ce moment et s'imprègne au maximum des émotions positives, capacités, ressources présentes durant cette expérience antérieure et nécessaires pour l'objectif à atteindre.

Quand Joé se sent bien, en pleine possession de ses moyens, nous ancrons les compétences nécessaires pour les ramener dans le présent en maintenant bien l'ancrage. Nous lui demandons alors de s'imaginer le jour de sa présentation (dans le futur, donc) et de voir comment les choses se passent. Normalement, si tout a été bien conduit, Joé vit très bien cette expérience, enrichi des ressources ramenées du passé. Nous lâchons alors l'ancrage.

Si besoin lors de la futurisation d'acquérir d'autres compétences, nous procéderons de même en allant les chercher et en les ramenant de la même façon, jusqu'à ce que Joé se sente parfaitement en confiance pour sa présentation !

Précisions

Quand les ancrages sont susceptibles d'être utiles en dehors de la séance, nous faisons pratiquer un autoancrage au patient ; ainsi, il peut le stimuler chez lui à plusieurs reprises avant la situation et même juste au moment de l'expérience elle-même. L'état ancré est immédiatement réactivé avec toutes les ressources nécessaires.

Pour être efficace, un ancrage doit être réactivé régulièrement, sinon il s'efface avec le temps.

Il existe également les désactivations d'ancrage, qui permettent de vous débarrasser d'une expérience vécue négativement en utilisant une expérience vécue positive.

Régressions*

Il s'agit ici de remonter le cours du temps. Les régressions peuvent permettre de retrouver de bons moments et d'en rapporter des ressources, mais aussi de déceler et traiter des traumatismes anciens parfois refoulés. Certains praticiens s'en servent également pour faire se remémorer à la personne des moments de vie oubliés. C'est dans ce type d'intervention qu'il est nécessaire de faire attention au False Memory Syndrome !

Recadrages*

Il s'agit ici de changer de cadre de référence, d'entraîner le patient à voir les choses différemment, sous un autre angle, à prendre du recul. Les métaphores évoquées plus haut sont des formes de recadrages. Ces derniers sont nombreux : verbaux, gestuels, comportementaux… Ils peuvent concerner des techniques entières.

Ils permettent de traiter beaucoup de choses, notamment les troubles du comportement (addictions, tabagisme, boulimie, etc.).

Submodalités

Il existe, pour chacune de nos représentations mentales (VAKO), des distinctions plus fines et détaillées appelées submodalités ou sous-modalités. Ce sont des paramètres que nous pouvons faire varier dans une modalité donnée, un peu comme si nous avions une télécommande mentale qui nous permettrait d'effectuer ces variations.

Par exemple, si nous considérons une submodalité de la représentation auditive, nous pouvons faire varier le volume, la vitesse, le rythme, la durée…

Quelques submodalités en fonction des différents canaux :

- **Canal visuel :** net/flou, lumineux/sombre, contraste/pas de contraste, couleur/noir et blanc…
- **Canal auditif :** bruit/silence, graves/aigus, sons proches/lointains
- **Canal kinesthésique :** chaud/froid, lourd/léger, dur/mou…

Les submodalités peuvent être utilisées dans de nombreux cas, par exemple lorsqu'une personne ne peut pas ou ne veut pas travailler sur le contenu de son problème, mais aussi pour gérer un traumatisme, un deuil, changer une croyance, transformer une émotion…

Principaux phénomènes hypnotiques

Vous avez probablement déjà vu dans des spectacles d'hypnose des personnes transformées en « statues », rigides au point de pouvoir tenir entre deux tréteaux ? D'autres oublier un chiffre et se trouver onze doigts, ou encore oublier leur prénom ?

Il s'agit de phénomènes hypnotiques, c'est-à-dire d'éléments observables ou ressentis par la personne elle-même. Contrairement aux inductions ou suggestions, où la personne concernée peut rétorquer qu'elle n'était pas sous hypnose, là, elle ne peut nier ce genre de processus. L'état d'hypnose est alors flagrant !

En hypnose thérapeutique, nous utilisons également ce genre de processus pour aider l'acceptation de la transe, mais aussi pour permettre de gérer certains problèmes ou intégrer certaines notions.

Manifestations corporelles

- **Catalepsie* :** Perte du contrôle d'une partie du corps impliquant une certaine rigidité musculaire. Un bras, par exemple, peut rester raide en l'air de longues minutes sans que la personne ait la sensation de produire le moindre effort. Utilisée dans les troubles sexuels masculins, par exemple.
- **Lévitation du bras :** Ici, un bras, ou les deux, sont tellement légers qu'ils s'élèvent parfois sans que la personne ne s'en rende compte !
- **Analgésie* :** Diminution partielle ou totale de la sensibilité d'une partie du corps. Elle est donc utilisée dans le traitement des douleurs.

Observation

Milton Erickson, alors qu'une patiente prétendait ne pas être en transe, réalisa sans qu'elle s'en rende compte une lévitation de l'un de ses bras. Pour cela, il lui suggéra d'imaginer des ballons remplis d'hélium attachés à son poignet et qu'ils allaient soulever son bras de plus en plus haut.

Ensuite, il demanda à la patiente de regarder sa main ; elle fut très étonnée de constater que son bras tenait en l'air alors qu'elle ne s'était aperçue d'aucun mouvement. Elle dut admettre que quelque chose d'inconscient s'était produit et accepter le fait qu'elle était en état d'hypnose.

Manifestations mentales

- **Distorsion du temps* :** Ici, c'est la perception du temps qui passe qui est modifiée. Ainsi, une durée déterminée peut paraître beaucoup plus longue ou plus courte.
- **Amnésie :** Perte de mémoire spontanée ou suggérée. Elle peut être utile pour laisser des éléments de la séance hors du souvenir du patient, car cela est mieux pour lui. Parfois, des amnésies de toute la séance peuvent se faire, mais très rarement !
- **Hallucinations* :** Il s'agit de perceptions visuelles, auditives ou sensitives erronées. Lors d'hallucinations « positives », la personne perçoit quelque chose qui est suggéré par l'hypnotiseur mais n'existe pas. Au contraire, lors d'hallucinations « négatives », elle ne perçoit pas une chose qui est pourtant présente dans son environnement !

CHAPITRE 6

LES CLÉS DE LA SÉANCE D'HYPNOSE

Au programme

- **Lien patient-praticien**
- **Déroulement de la séance**
- **Éthique et savoir-faire du praticien**
- **Engagement du patient**
- **Ne pas s'attacher au résultat !**

Une séance d'hypnose peut effrayer le consultant pour les diverses raisons que nous avons déjà mentionnées (préjugés, peur de perdre le contrôle, de la manipulation, de l'inefficacité, de parler contre son gré…).

La relation entre le praticien et le patient est primordiale, autant que la relation avec tout autre professionnel de santé, etc. Cette relation peut s'établir plus ou moins rapidement selon les protagonistes, comme dans les autres domaines de la vie !

La première séance sert parfois à créer ce lien, cette confiance, afin de comprendre les désirs du patient ou du client et de voir avec lui si nous allons pouvoir l'aider, et comment. Les séances suivantes permettront d'avancer sur l'objectif de consultation.

Lien patient-praticien

Une bonne relation entre le patient et son thérapeute ou coach est fondamentale. Le praticien concentre son attention sur la personne, il se doit d'être centré sur elle, dans un état de grande disponibilité, et de laisser de côté ses problèmes personnels éventuels afin d'être pleinement présent pour son patient. Cet état est décrit comme un état modifié de conscience, propice à l'écoute, comparable à ce que Freud appelle une « attention uniformément flottante ». C'est là qu'intervient la synchronisation. Il s'ensuit alors ce que l'on peut appeler une communication d'inconscient à inconscient.

Il est également indispensable que le patient ait non seulement une grande confiance dans le praticien, mais aussi une grande confiance en lui-même, pour accepter la transe. Le lien avec l'hypnothérapeute est nécessaire pour que l'hypnose puisse avoir lieu ! C'est en effet de la qualité de cette interaction que dépendront le déroulement et le résultat de la séance.

Déroulement de la séance

Après la création d'un nécessaire climat de confiance, la séance se compose de plusieurs parties, abordées un peu différemment selon les praticiens, mais respectant toutefois un fil conducteur globalement identique.

Détermination d'objectif

Il est important de savoir ce que souhaite exactement une personne en venant consulter. Le praticien va donc la questionner afin de déterminer son objectif réel. En effet, beaucoup de gens consultent un thérapeute ou un coach parce qu'ils ressentent un mal-être dans leur vie, en ont assez de ce boulot trop prenant, de ne pas faire ce qu'ils aimeraient… Bref, en sachant ce qu'ils ne veulent plus, mais pas toujours ce qu'ils veulent ! Parfois même, une personne vient avec un but qui se révèle en fait n'être qu'un faux-semblant cachant le véritable problème. Il est donc important, dans cette phase, que l'accompagnant aide le patient à clarifier son objectif.

Il l'aide alors à aborder ses freins, difficultés et croyances concernant l'objectif, mais aussi à mettre au jour ses ressources, valeurs et capacités. Pour cela, il peut utiliser plusieurs outils, détaillés ci-après.

Métamodèle

Définition

Le métamodèle est un ensemble de questions ayant pour but de recueillir les informations les plus précises possibles. Il s'agit donc d'un langage de précision. En effet, nous avons souvent tendance à employer un langage vague, utilisant interprétations, omissions ou généralisations. Ce sont ces imprécisions que le praticien traque en affinant son questionnement par des contre-exemples et autres subtilités dont vous trouverez des exemples ci-dessous.

Généralisations

Ce sont des mots comme : toujours, jamais, personne, tout le temps ; ou des expressions comme : il faut, je dois, je suis obligé, je n'ai pas le choix, je suis incapable…

Observation

Patient : Je n'ai jamais de chance dans la vie !
Praticien (recherche un contre-exemple) : Vraiment jamais ? N'y a-t-il pas eu une fois dans votre vie où vous avez eu de la chance ?
Patient : Euh, si une fois j'ai gagné un peu d'argent au loto.
Praticien : Bien, donc il vous est arrivé d'avoir de la chance.

Patient : Je dois téléphoner à ma mère tous les jours !
Praticien : Qu'est-ce qui vous y oblige ?
Patient : Eh bien… personne en fait, enfin si, moi-même !

Omissions

Beaucoup de choses étant évidentes pour nous, nous n'en parlons pas. Notre interlocuteur ne peut pourtant pas les deviner ! Ces omissions, sources de malentendus, peuvent être à l'origine d'échecs de communication ou de projets. Il s'agit de faire spécifier les choses.

« Je suis énervé » (À quel propos ?), « Je ne comprends pas » (Quoi ?), « On m'a dit » (Qui ?), « C'est de sa faute » (Quoi ? à qui ?), « Ça m'a touché » (Quoi ?).

Distorsions

Ici, le patient interprète comme réelles des choses qui ne le sont pas forcément. Il est nécessaire de lui montrer qu'il tire parfois des conclusions hâtives.

« Il m'a fatigué ! » (Comment a-t-il fait ?), « Je suis sûr qu'elle ne m'aime pas ! » (Sur quoi vous basez-vous pour dire cela ?), « Toute vérité n'est pas bonne à dire ! » (Qui dit cela ? par rapport à quoi ?).

Niveaux logiques

L'un des pionniers de la PNL, Robert Dilts, part du principe que nos pensées et actions peuvent se classer en différents niveaux d'expérience qu'il a dénommés « niveaux logiques ».

Il distingue six niveaux, des plus externes jusqu'aux plus personnels et profonds. Ces derniers sont couramment utilisés pour atteindre les objectifs du patient. Il s'agit donc d'un élément clé de la détermination d'objectif.

L'environnement

Il s'agit de tout ce qui nous entoure et avec lequel nous sommes en interaction. Nous faisons partie de notre environnement, qui est professionnel, familial, social : l'appartement dans lequel nous vivons, notre bureau, les sons, les odeurs, les autres personnes, les objets, etc. Il agit sur nous et nous pouvons également agir sur lui, le modifier.

Les comportements

Il s'agit ici de nos actions, de ce que nous faisons ou pas, de notre façon de nous comporter, de nous exprimer. Ils nous permettent d'agir sur notre environnement.

Les capacités

Stratégies, savoir-faire, connaissances innées et acquises que nous employons pour agir sur nos comportements.

Il vous est certainement déjà arrivé d'être capable de faire quelque chose mais de ne pas le faire aussi bien que vous en auriez eu envie ? Il arrive en effet que nous ne fassions pas une chose parce que nous n'en sommes pas capables – du moins pas encore !

D'autres fois, bien que nous soyons capables d'accomplir cette action, nous ne le faisons pas. C'est là qu'intervient le niveau suivant !

Les croyances et valeurs

À ce niveau, nous sommes persuadés que ce que nous pensons de nous-même (nos croyances) est vrai, ainsi que ce qui compte le plus pour nous (nos valeurs).

Une ***croyance*** peut être aidante (« Je suis un très bon professeur ») ou limitante (« Je suis nul, je n'y arriverai jamais »).

Une ***valeur*** est un concept important pour nous et qui nous guide dans nos choix quotidiens (par exemple l'honnêteté, la fidélité, le respect, etc.).

L'identité

Niveau logique le plus élevé de l'être humain ! Très difficile à décrire, c'est un niveau qui « se perçoit de l'intérieur ». C'est la réponse aux questions : « Qui suis-je ? », « Comment suis-je dans ce que je fais ? », « Suis-je en accord avec moi-même ? ». Il s'agit de l'identité personnelle, de la conscience de soi, du rôle que l'on joue dans cette vie.

Le transpersonnel ou spirituel

Le sixième niveau représente le monde autour de nous, non en termes d'environnement « matériel », mais plutôt dans la notion de « groupe d'appartenance » (famille, amis, travail, pratique spirituelle, etc.), ce qui donne un sens à notre vie, la conscience de soi dans un tout (culturel, social, spirituel...).

Observation

Julie vient consulter car elle désire arrêter de fumer.

Nous lui demandons en détail ce qui la motive, ce qui est différent quand elle s'imagine « non fumeuse », qui est ici l'identité.

Julie : Je n'ai plus les doigts tachés, j'ai une meilleure haleine (environnement), je respire mieux (capacité) et fais du sport (comportement). Mais je sais que je ne pourrai pas y arriver ! (croyance).

Praticien : Ah, et qu'est-ce qui vous en empêche ?

Julie : Je n'en suis pas capable, je n'ai aucune volonté...

Praticien : Qui vous a dit ça ?

Nous ferons ici, en fonction de la réponse de Julie, le travail nécessaire pour qu'elle trouve une croyance et des valeurs aidantes pour mener à bien son objectif.

Les niveaux logiques servent à différentes choses : déterminer l'objectif quand il est flou, repérer certains blocages et leur niveau. Un dysfonctionnement provient justement souvent d'un problème ou d'une confusion de ces différents niveaux. Un problème à un niveau se règle en général au niveau logique supérieur.

Exercice 6

Imaginez l'effet sur vous de chacune de ces deux phrases :

« J'ai échoué à mon examen parce qu'il y avait trop de bruit dans la pièce. »

« Je l'ai raté parce que je suis nulle et incapable de réussir ! »

Ici, vous vous rendez bien compte que l'une est beaucoup plus désagréable que l'autre et que le problème ne se situe pas au même niveau ! La solution sera aussi bien évidemment à un niveau différent :

- Dans le premier cas, il s'agit d'un problème d'environnement, de mauvaise concentration liée au bruit ambiant, et nous pouvons parier que le même examen dans un endroit calme se passera bien.
- Le deuxième cas est plus difficile : la personne croit être nulle ! Peut-être parce qu'elle l'a entendu un jour de la part d'un professeur, d'un parent ? Quoi qu'il en soit, elle en est persuadée. Un travail sur l'estime de soi, la confiance et l'assurance devra venir renforcer son identité.

Canaux sensoriels

Nous avons vu que chacun de nous possède un mode de représentation préférentiel (VAKO). Pour le praticien, déterminer l'orientation de la personne assise en face de lui est indispensable à la mise en place d'un système de communication efficace. Pour cela, il va écouter avec attention la façon de parler du patient. Ainsi, pour raconter une semaine de vacances au ski, certains vont construire une représentation de manière visuelle (paysage de montagnes enneigées), d'autres de façon auditive (bruit des skis sur la neige lors de la descente), d'autres enfin de manière kinesthésique (air sur le visage, contact des pieds sur les skis, mouvements de planter du bâton…).

Une fois le sens privilégié déterminé, le praticien adaptera son langage. S'il s'adresse à une personne kinesthésique en disant « Vous voyez » (visuel) « ce que je veux dire » (auditif), le patient va peut-être répondre « oui », poliment, mais n'aura probablement rien compris ! Il devra en effet lui parler en termes de sensations pour lui donner toutes les chances de comprendre.

Séance formelle

Quand le praticien et le patient sont d'accord sur l'objectif, la séance d'hypnose formelle peut commencer. Ici sont utilisés induction et approfondissement de la transe, puis, lorsque la personne est en état d'hypnose, le praticien travaille avec elle sur sa problématique à l'aide des suggestions, métaphores et autres protocoles adéquats. Il s'agit de la phase de travail.

Phase de réveil

À la fin de la séance, le praticien procède à la sortie de transe, il ramène son interlocuteur à l'instant présent. Il se doit de vérifier que tout va bien, qu'il est bien éveillé et capable de prendre son véhicule pour repartir par exemple.

Éthique et savoir-faire du praticien

Déontologie

Le praticien, qu'il soit médecin, thérapeute ou coach, devra en toutes circonstances avoir une éthique irréprochable :

- respect du secret professionnel ;
- neutralité, tolérance ;
- bienveillance, non-jugement.

Il travaillera en partenariat avec les autres intervenants médicaux ou paramédicaux.

Écoute active et personnalisée

Le praticien se doit d'être disponible psychologiquement et centré sur la personne et ce qui l'amène. Il doit connaître ses limites pour savoir adresser la personne à un confrère, s'il ne sait ou ne peut la prendre en charge.

Il écoute son patient attentivement en demandant des précisions si nécessaire, et en reformulant les réponses pour être sûr de l'avoir bien compris.

Respect de la « réalité » du patient

Notre représentation du monde ne constitue pas un fait objectif, une réalité ! Ce n'est qu'une interprétation de celui-ci. Nos limites et celles des autres, et *a fortiori* du patient, représentent notre « carte du monde », et non le monde lui-même.

Le praticien, tout en respectant la carte du monde du patient, peut l'aider à changer son rapport au monde et à créer une carte plus adaptée à sa santé ou à son bien-être.

Traitement du présent

Comme nous l'avons mentionné, l'hypnose est une thérapie orientée solution : le praticien s'attachera donc, en règle générale, à chercher avec le patient comment aller mieux dans l'avenir, et non pourquoi cela ne va pas actuellement !

Tout problème, quel qu'il soit, aurait une raison d'être, appelée « intention positive » ! L'objectif est donc de trouver cette intention positive inconsciente, et de générer ensuite des comportements différents qui satisfassent cette même intention.

Humour et énergie positive

Positivisme, bonne humeur, langage positif sont en général de règle ! Toutefois, la synchronisation fait que ce n'est pas toujours possible dès le début. Mais très vite, le thérapeute tentera d'attirer son patient vers cet état.

Très souvent utilisé en hypnose, notamment ericksonienne, l'humour permet de dédramatiser, de trouver l'énergie citée ci-dessus, et a un effet thérapeutique ! Toutefois, comme dans la vie, il doit être utilisé à bon escient. Même en hypnose : « On peut plaisanter de tout, mais pas avec n'importe qui ! »

Engagement du patient

Le patient, quant à lui, se doit également d'accepter quelques règles fondamentales pour que le lien avec son praticien soit efficace et agréable. Sa motivation est primordiale :

- respecter les horaires des rendez-vous ;
- accepter que c'est lui qui détient ses propres solutions et que le thérapeute est seulement un accompagnant, un catalyseur ;
- faire entre les séances les éventuels exercices préconisés par le praticien.

Son implication personnelle dans sa propre prise en charge est essentielle pour la réussite de sa thérapie ou de son coaching !

Ne pas s'attacher au résultat !

Si la qualité relationnelle participe énormément à l'apprentissage du changement, il n'est pas possible, même avec un outil puissant comme l'hypnose, de garantir un résultat pour une personne donnée ni pour un problème donné. Ce qui peut très bien fonctionner chez une personne ayant un problème lambda peut échouer chez une autre ayant le même type de problème. Chaque individu est unique, chaque expérience également. Elle dépend de l'histoire du patient, de sa volonté réelle d'accepter le changement. Par ailleurs, il peut arriver que les changements ne soient pas ceux que vous ou votre patient imaginiez !

Par exemple, une dame vient pour perdre du poids, mais après la séance, elle finit par s'accepter comme elle est, avec son identité actuelle. Sa vie va s'améliorer ; se sentant mieux dans sa peau, elle va prendre de l'assurance et gagner en confiance en elle ! Elle va peut-être faire de nouvelles rencontres, etc. Tout va mieux sans qu'elle ait maigri ! Le résultat ne correspond pas à la demande de départ… Reste à voir s'il convient quand même à la personne ? Là encore, tous les cas sont possibles.

Ainsi, ni le consultant ni le praticien ne doivent se focaliser sur une solution unique ni sur une obligation de succès. Avez-vous remarqué ce qu'il se passe quand vous vous évertuez à vouloir absolument dormir car une grosse journée vous attend le lendemain ? C'est généralement là le meilleur moyen de passer à côté d'une bonne nuit de sommeil !

Le praticien doit savoir s'adapter à chaque cas, ou connaître ses limites et passer la main s'il ne pense pas pouvoir aider son patient.

Certains penseront peut-être qu'il s'agit d'une excuse ? Nous ne voyons pas les choses de cette manière ! En effet, en hypnose, c'est souvent de la liberté que naissent les multiples possibilités de changement.

Il convient plutôt de pouvoir laisser au patient un grand nombre de possibilités qui seront autant d'appuis à l'utilisation de ses potentiels et au changement désiré. Ainsi, il trouvera de lui-même de véritables solutions qui seront du coup d'autant plus efficaces !

PARTIE 3

L'HYPNOSE EN PRATIQUE

CHAPITRE 7

INFLUENCE DE L'HYPNOSE DANS NOTRE QUOTIDIEN

« *Tout est hypnose.* »

François Roustang

Au programme

- **Hypnose et médias**
- **États d'hypnose physiologiques**
- **Hypnose et effet placebo**
- **Hypnose et techniques de vente**
- **Hypnose en politique**
- **Hypnose olfactive**
- **Effets de mode**
- **Hypnose « récréative » ou sportive**

Nous avons vu que l'hypnose est une méthode qui peut s'employer dans différents domaines. Nous l'utilisons d'ailleurs tous plus ou moins, consciemment ou non, au quotidien, et ce depuis longtemps. Elle est présente partout autour de nous, il suffit d'y prêter attention. Par exemple, une maman chantonnant d'une voix douce pour endormir son bébé en le berçant l'« hypnotise » d'une certaine façon.

De la même manière, tous les domaines ou presque du quotidien utilisent la communication hypnotique ! Nous ne pouvons ici les détailler de façon exhaustive, mais nous allons tenter de vous donner un aperçu des domaines où vous pourrez la reconnaître – si ce n'est déjà fait !

En effet, nous sommes en permanence en proie aux suggestions, plus ou moins masquées, de notre environnement : qu'est-ce qui est à l'origine de nos pensées et convictions ? Notre propre réflexion ou bien les croyances transmises par cet environnement, à travers les médias, les coutumes, et la culture ? Notre façon de penser est partiellement conditionnée par notre éducation, nos références religieuses, nos coutumes et traditions. Cela représente ce que l'on appelle notre carte du monde. Son importance dans notre manière d'appréhender le monde est capitale – à certaines époques pas si lointaines, des scientifiques furent condamnés pour ne pas croire que la terre fût plate !

Il est possible d'être tellement hypnotisé par une vision du monde que l'on peut en refuser toute remise en cause. C'est une bonne raison pour prendre conscience de la relativité de notre carte du monde personnelle et pour savoir être tolérant envers autrui.

Hypnose et médias

Télévision

La télévision est un vecteur de communication qui nous influence non seulement par la publicité, mais aussi par le contenu de la programmation et la façon dont les programmes s'enchaînent. La publicité télévisuelle, généralement placée à des moments clés de la grille quotidienne ou saisonnière, nous hypnotise, notamment quand elle intervient au milieu d'un programme, au moment où notre vigilance, donc notre esprit critique, est en veille. Quelle meilleure façon de calmer un enfant que la télévision ? D'ailleurs, est-ce un hasard si les programmes pour les tout-petits commencent à la première heure matinale ? Sommes-nous vigilants aux messages transmis alors ? Et plus tard, pour les adolescents, qu'en est-il de la perception de l'image du corps renvoyée par leurs idoles des clips vidéo, de la téléréalité ?

Ce qui n'est pas appelé publicité mais en est un dérivé, comme le placement marketing de produits dans les films, recourt à une forme d'hypnose plus subtile, celle de la présentation à l'arrière-plan seulement de l'idée qu'elle veut faire triompher.

Le terme de « matraquage » est tout à fait reconnu et la télévision, par des suggestions bien étudiées et habilement exploitées, en use et en abuse. Comme on induit l'hypnose, on installe dans les esprits le besoin et le désir d'un produit par la répétition. Tel nouveau film, à force de reportages, interviews, programmations télévisuelles d'autres films avec les mêmes acteurs juste avant sa sortie en salles, est devenu un succès du box-office ! Est-ce finalement notre réflexion consciente et cartésienne qui nous entraînera à aller le voir ?

Avez-vous remarqué aussi la manière de parler hypnotique qu'adoptent souvent les journalistes dans les reportages ? Il s'agit tout simplement d'insérer une petite pause en milieu de phrase, ce que l'on appelle une « interruption de pattern », c'est-à-dire que cela interrompt le cours de notre réflexion. De nombreux hypnothérapeutes utilisent ce rythme de parole pour mettre leurs patients en transe.

Avez-vous déjà vu une émission de téléachat ? Pour ma part, je change de chaîne dès que je tombe dessus, car quel que soit le produit présenté, je sais que même le plus inutile pourrait me paraître indispensable au bout de quelques minutes. C'est la version moderne du bonimenteur de foire.

Internet, réseaux sociaux

Qui n'a pas aujourd'hui de réseau social sur Internet ? Presque tout le monde est connecté en quasi-permanence avec le domaine virtuel, a des « amis » qui le sont parfois tout autant, et s'informe sur le net des dernières modes, potins ou événements. Ainsi, en se promenant, au restaurant, sur la plage ou devant un magnifique paysage, on remarque le nombre de personnes le nez collé sur leur écran, hypnotisées et dépendantes, plutôt que de profiter d'un panorama qu'elles ne verront qu'une fois dans leur vie.

Presse et radio

Ici, c'est le choix des images ou des mots qui importe le plus ; le titre ou la photo ne sont-ils pas souvent plus importants que le contenu même de l'article ? La photo de première page d'un même événement dans deux journaux de sensibilité politique différente peut nous donner deux perceptions différentes ce cet événement.

Et dans le domaine de la mode, comment sont perçues les couvertures de magazines où trônent des créatures qui n'existent que par la magie des logiciels de retouche d'image ? L'esprit intègre ainsi une « vision de la normalité parfaite » qui est en réalité une « vision de l'anormalité » en tant que perception erronée de la réalité. C'est ce que l'on peut appeler de l'« hypnose négative », pouvant être à l'origine de troubles de l'image corporelle entraînant par exemple régimes à répétition, anorexie, etc.

La radio est quant à elle un média particulièrement redoutable, car souvent, nous l'écoutons en faisant autre chose, en conduisant ou en travaillant. Ainsi, lorsque nous sommes concentrés sur une tâche, notre esprit critique et conscient est moins vigilant et notre inconscient devient tout à fait disponible pour enregistrer à notre insu les publicités et chansons qui se répètent en mode « matraquage » (comme vu plus haut). Qui n'a pas en ce moment la dernière chanson à la mode en boucle dans sa tête ? Et quel est le dernier disque qui se vend si bien ? Probablement celui de cette chanson… comme par hasard.

États d'hypnose physiologiques

Voyage en voiture

Il vous est certainement déjà arrivé lors d'un long trajet de ne pas vraiment vous rendre compte que vous étiez passé par telle ville ? Alors que vous y êtes effectivement forcément passé pour arriver à destination ! Il s'agit d'un état modifié de conscience comparable à l'état d'hypnose.

Métro

Avez-vous remarqué que les gens dans le métro ou les transports en commun marchent souvent rapidement, de façon quasi automatique, sans même regarder où ils vont, comme dans un état second ? Vous leur dites bonjour et ils sursautent ! Parfois, ils lisent, et malgré tout ils descendent en général au bon arrêt. Ils font ce trajet tous les jours, c'est devenu un automatisme inconscient… Ne vous est-il jamais arrivé vous-même d'entamer, par habitude, le trajet de votre travail, alors que ce jour-là vous projetiez d'aller dans une autre direction ?

Rêverie éveillée

Il vous est probablement arrivé de vous asseoir cinq minutes pour vous reposer, et de « revenir à vous » vingt minutes plus tard sans savoir ce que vous avez fait pendant ce temps ! Comme « ailleurs », absorbé dans une sorte de rêverie plus ou moins consciente, vous n'avez pas fait attention au temps – encore un état de conscience différent !

Lecture, cinéma, consoles de jeux

Vous êtes en train de lire le dernier bouquin de votre auteur préféré et rien ne peut vous déranger ? Vous n'entendez ni le téléphone ni votre conjoint qui vous parle ? Vous êtes absorbé(e) dans l'univers de l'ouvrage, hypnotisé(e) par celui-ci. Il en va de même pour un bon film au cinéma.

Si vous avez des difficultés à l'admettre, regardez vos enfants avec leurs consoles de jeux ou leur ordinateur !

Hypnose et effet placebo

Définition

L'effet placebo est la mesure de la différence d'efficacité d'un médicament versus celle d'un composé neutre mais supposé actif par les patients. Il est étudié par des protocoles dits en « double aveugle », à savoir que ni le patient ni le praticien ne sait quelle molécule est effectivement administrée. En France, Armand Trousseau fut le premier, en 1834, à administrer des placebos à des patients hospitalisés.

Rapport avec l'hypnose

L'effet placebo joue sur la suggestion, la croyance, et l'effet attendu du médicament. On a pu mettre en évidence des différences d'efficacité liées au prix et à la présentation de celui-ci, et l'on peut penser que la façon et la conviction avec lesquelles un médicament est prescrit favorisent une bonne réponse du patient à celui-ci. À l'inverse, il peut exister un effet *nocebo*, à savoir des effets indésirables ressentis par certains patients (sensibles à la suggestion) lorsqu'ils les découvrent sur la notice par exemple.

La prise en charge médicale elle-même et les mots, l'attitude non verbale du médecin, jouent également un rôle important dans le soulagement et la guérison du malade.

Dans le même esprit, et afin d'éviter d'influencer un patient en l'interrogeant sur ses symptômes, on apprend aux étudiants en médecine à poser des questions neutres, en évitant les formulations qui induisent une réponse dans un ou l'autre sens. Ainsi, lors de l'entretien avec le patient qui exprime ses symptômes, « Décrivez-moi votre douleur » est une question neutre, tandis que « C'est une douleur qui pique, c'est ça ? » serait une question orientée. Si le patient est suggestible, puisqu'un médecin compétent lui suggère que ça doit piquer, il risque de confirmer, et ainsi de mentionner un type de douleur qui n'oriente pas vers le bon diagnostic. Pour pouvoir poser ce genre de proposition, il est classique en hypnose de donner au moins trois options et de demander ensuite « Ou autre chose ? » afin que le patient se sente libre de s'exprimer au mieux. Ainsi, on aurait pu dire : « Et comment caractériseriez-vous cette douleur ? Ça pique, ça brûle, c'est une douleur sourde ? Ou autre chose peut-être ? »

Hypnose et techniques de vente

Vendeurs, commerciaux

Ces vendeurs sont, comme bien d'autres catégories de personnes, formés à des techniques de communication s'apparentant à de l'hypnose conversationnelle. Ils sont en général bien habillés, dotés d'un très solide sens de la communication et des relations humaines, et s'ils possèdent de surcroît un sourire ravageur, vous pouvez aisément deviner la suite ! Rappelez-vous l'acquisition de votre dernier canapé ou lave-linge, ou de l'achat de votre dernier forfait téléphonique, même par téléphone ! Pensez aux appels incitant à souscrire à telle mutuelle ou tel service : les personnes âgées, ou non, peuvent parfois facilement se faire « embobiner » par de beaux parleurs peu scrupuleux…

Même la loi, à travers un délai de rétractation obligatoire, semble avoir pris en compte qu'un achat peut n'avoir pas été réellement désiré, mais effectué… sous hypnose ?

Publicité

Exercice 7

Complétez les phrases suivantes :
« On se lève tous pour .... ! »
« Choisissez bien choisissez .... ! »
« .... la lessive qui lave plus blanc que blanc »
« .... secouez-moi, secouez-moi ! »

Probablement avez-vous facilement trouvé les mots manquants : ces phrases, associées à de petits refrains, nous marquent longtemps !

Hypnose collective

Comme nous l'avons vu pour la télévision ou les autres médias, la publicité est l'une des manifestations les plus visibles de l'hypnose dans nos sociétés.

- Il vous arrive d'être attiré(e) par une publicité qui vous rappelle votre enfance ?
- Vous choisissez ce numéro bien particulier au moment d'appeler les renseignements téléphoniques ?
- Vous achetez une marque précise de lessive après avoir entendu cette publicité qui passe votre chanson préférée, ou cette marque de bière dont la publicité passe juste avant votre série préférée ?
- Vous retenez plus facilement les publicités pour les grandes marques ?
- Votre enfant veut aller chez McDonald's après avoir regardé la télé ?

Pourquoi ?

Connaissez-vous *1984*, le roman de George Orwell ? Les citoyens y sont observés dans leurs moindres agissements par des écrans situés dans tous les coins de leurs maisons : les « télécrans ». Notre télévision ne nous surveille pas, mais en manipulant inconsciemment nos comportements et désirs, la publicité détermine nos envies à notre insu, préservant ainsi notre illusion de liberté.

Ainsi, notre télécran moderne n'observe pas nos faits et gestes : inversement à celui d'Orwell, il les façonne !

Impact sur les plus jeunes

Les publicités pour les aliments gras et sucrés à la télévision ciblent souvent un public jeune dont l'esprit est ainsi « formé » pour perpétuer ce type de pratiques alimentaires.

Celles pour la restauration rapide, par exemple, sont multiples. On y voit fréquemment une famille ou des copains en train de partager un menu ludique, servi dans une boîte qui l'est tout autant, dans un décor idéal avec des jeux, voire un clown – quoi de plus attrayant pour les enfants ?

Certaines visent à créer un réflexe quasi pavlovien en induisant, par exemple, un réflexe naturel de salivation à la vue d'images de nourriture aux heures des repas. La petite musique associée tient le rôle de la sonnette de Pavlov qui fait saliver le chien avant sa distribution de viande. En l'entendant, nous ressentons ce réflexe inconscient de salivation. Pensez par exemple au jingle de l'entreprise qui dit « Venez comme vous êtes » : avez-vous réussi à ne pas saliver ? Tous les sens sont impliqués, jusqu'à l'olfaction, comme nous le verrons plus en détail un peu plus loin.

Observation

Le docteur Thomas Robinson (Californie) a fait une expérience. Il a fait prendre à 63 enfants de trois à cinq ans cinq sortes d'aliments et de boissons (nuggets de poulet, hamburger, frites, carottes crues et verre de lait aromatisé) présentées dans deux types d'emballages : un emballage sans marque d'un côté, un emballage portant la marque McDonald's de l'autre. Les enfants devaient à chaque dégustation indiquer leur préférence.

Parallèlement, Robinson a fait remplir aux parents un questionnaire sur les habitudes de vie de leurs enfants. Ils devaient mentionner, outre l'âge de l'enfant et leurs habitudes télévisuelles, la présence éventuelle de jouets McDonald's à la maison.

Les résultats montrent que 59 % des enfants préfèrent les nuggets marqués McDonald's, contre 18 % pour les nuggets anonymes (les autres ne se prononcent pas), même si ce sont strictement les mêmes ! 48 % choisissent le hamburger McDonald's, contre 36 %. 76 % ont préféré les frites McDonald's aux frites anonymes, etc.

L'étude a montré que la préférence pour les produits marqués McDonald's était liée au nombre de téléviseurs installés au domicile. Autrement dit, la fréquence des images « McDonald's » sur les téléviseurs modifie le goût des enfants ! Selon les auteurs de cette étude, les enfants sont particulièrement influençables par les publicités, leur perception de la nourriture est modifiée par leur conscience de la marque et ils ont plus de plaisir à manger les produits qu'ils croient connaître.

Retour des enfants... aux parents

C'est bien à travers les plus jeunes que les annonceurs publicitaires exercent le plus d'influence sur nos décisions de consommateurs.

En effet, lorsque nous regardons la télévision, le repas concomitant, la discussion, le rythme des images, etc., peuvent nous empêcher de faire attention aux messages destinés au jeune public. Ils vont pourtant s'ancrer dans leur esprit et faire d'eux le véritable moteur de notre consommation. Les enfants nous entraîneront ensuite au supermarché, dans le rayon du produit vu à la télévision.

Ces résultats montrent, *a contrario*, que si les campagnes publicitaires étaient conçues différemment, elles seraient à même de promouvoir chez les jeunes une alimentation saine !

Si les enfants sont la cible privilégiée des annonceurs, les adultes le sont aussi ! Une musique particulière associée à un parfum, une marque de bière dont la pub passe juste avant votre série préférée ? Ou encore un reportage sur la prévention routière précédant la publicité pour une berline familiale ?

Autant de techniques parmi des milliers, que nous ne détaillerons pas ici, qui visent à diriger nos choix !

Délégués médicaux

Basée sur des techniques empruntées à l'hypnose, leur méthode de communication est aussi utilisée pour la vente de produits pharmaceutiques. Les médecins reçoivent régulièrement des délégués médicaux vantant les avantages d'un certain nombre de ces spécialités. À force de répétition (sur les agendas, bloc-notes, les « cadeaux » offerts par les laboratoires, etc.), leur inconscient imprègne peu à peu le nom du médicament. Tôt ou tard, quel nom pensez-vous qui leur vienne à l'esprit au moment de rédiger une ordonnance ?

Exercice 8

Lorsque votre médecin vous fait une ordonnance :

- vous la suivez au pied de la lettre sans vous poser de question, vous avez une confiance aveugle dans votre médecin ?
- vous épluchez la notice en lisant tous les effets indésirables éventuels, et ne prenez pas le traitement s'il y en a trop qui ne vous conviennent pas ?

Dans les deux cas, vous êtes sensible à la suggestion, que celle-ci soit donnée par votre médecin ou par la notice d'information !

Hypnose en politique

Discours et attitudes

Comment font donc les politiques pour nous rallier à leurs idées et tenter d'attirer ainsi nos votes ? Avec leur programme, pensez-vous ? Certes peut-être en partie, mais aussi grâce à des techniques de communication et de manipulation très efficaces !

Hommes et femmes politiques se doivent d'inspirer confiance tout en ayant une certaine autorité. Il est donc capital pour eux d'avoir du charisme, de savoir parler, pour nous séduire et nous convaincre. Et c'est essentiellement au travers de la communication non verbale que tout se passe : intonation et inflexion de la voix, imprécisions volontaires, éveil de certaines émotions, emploi de métaphores et autres artifices…

Les hypnotiseurs font souvent compter les personnes pour les mettre sous hypnose. Il s'agit d'une technique de distraction qui revient à occuper l'hémisphère gauche par une tâche impliquant des processus analytiques, permettant ainsi à l'hémisphère non dominant d'être pleinement ouvert à la suggestion. Dans certains discours politiques, les orateurs utilisent de nombreux chiffres et nombres également dans cette perspective, autant que pour donner réellement des renseignements objectifs ! Peut-être l'avez-vous remarqué ?

D'autre part, le regard, la façon de tendre et de serrer la main, de se présenter, l'attitude par rapport à nous ou à l'autre candidat, sont primordiales. Certains gestes des mains et la position des membres dans l'espace peuvent être utilisés comme des ancrages hypnotiques pour aider à l'implantation de suggestions. Le fait de pointer le doigt, par exemple, peut envoyer le message inconscient qu'un personnage d'autorité est en train de donner un ordre. Ce sont des gestes difficiles à distinguer parmi les gestes innocents utilisés pour l'accentuation du discours.

Certains spécialistes commencent à discerner, à étudier et à expliquer leurs comportements. Ouvrages et DVD ont déjà été publiés sur le sujet.

Campagnes présidentielles

Le président américain Barack Obama passe pour être un brillant orateur, captivant des millions de personnes grâce à son éloquence. Il possède manifestement un « pouvoir » important, en particulier sur les jeunes et les personnes particulièrement instruites, ces deux catégories étant considérées, par certains auteurs, comme spécialement sensibles à l'hypnose.

Son comportement est-il naturel ? Ou bien est-il possible qu'il emploie délibérément des techniques d'hypnose conversationnelle et de PNL ?

Un outil fondamental de l'« hypnose conversationnelle » est de tenter de court-circuiter notre esprit critique en associant par exemple des affirmations répétées, et incontestablement acceptables, au message qu'il veut transmettre, afin de lier les deux dans notre esprit.

Ainsi, lors de son discours d'acceptation à Denver, Obama employa des expressions du type : « il est temps maintenant », « c'est pourquoi je me trouve ici ce soir », « ce moment », les répétant un grand nombre de fois. Ces phrases étaient reliées à l'objectif visé par des mots de liaison comme « parce que », « et », « c'est pourquoi ». Exemple : « Nous devons changer » (qui pourrait ne pas être d'accord ?) et « c'est pourquoi je serai votre nouveau président ». De plus, il emploie des gestes précis associés à des mots déterminés, comme « choisir » et « croire »...

Si nous avons beaucoup insisté sur Obama, tous les hommes politiques utilisent ce genre de méthodes ! Plus proche de nous, lors des élections présidentielles françaises de 2012, un certain candidat employait régulièrement « le candidat sortant » pour parler de son adversaire, plutôt que d'utiliser son nom. Que peut déduire notre inconscient de ce genre de message ? D'ailleurs, sans doute vous souvenez-vous du débat présidentiel où ce même protagoniste utilisait et répétait ces termes : « Moi président..., moi président... » Quelles conclusions en tirer ?

Les techniques politiques d'influence

- Posture, attitude, regard, charisme...
- Utilisation de propos en apparence flatteurs pouvant être une manière de prendre l'ascendant sur un adversaire.
- Ancrages spatiaux avec les mouvements et les gestes des mains lors de l'utilisation de certains mots ou de certaines phrases.
- Intonation de voix à des moments choisis.
- Manifestations d'émotions pour mieux se rapprocher des électeurs.
- Mise en relation de phrases acceptables et attendues et de l'objectif recherché.
- Art de dire une chose pour laisser comprendre le contraire.

Nous ne détaillerons pas davantage ici, mais tenons à préciser que les politiques ne sont pas les seuls à utiliser ce genre de méthodes !

Les dirigeants de sectes et les chefs religieux, par exemple, en usent également, voire en abusent. Poussés à l'extrême par certains gourous, ces agissements peuvent aller jusqu'à isoler le disciple de ses proches…

Hypnose olfactive

Vous passez à côté de la boulangerie implantée dans votre supermarché, et ne pouvez vous empêcher d'aller acheter ce pain au chocolat qui sent si bon jusque dans la galerie, alors que vous ne veniez pas pour cela ? Savez-vous que les odeurs s'adressent directement au cerveau primitif et ont un fort impact émotionnel, comme nous l'avons déjà vu avec Proust et sa madeleine ? Les marchands l'ont bien compris – pensez-vous que la bonne odeur de pain frais émanant de votre rayon boulangerie soit toujours naturelle ?

Effets de mode

Apparence

Les régimes sont un parfait exemple de l'effet de mode : chaque année voit fleurir un nouveau programme, une nouvelle méthode pour obtenir le physique des top-modèles que l'on voit dans les magazines.

Exercice 9

Citez de façon spontanée quatre noms de « régimes » ou types de régimes que vous connaissez. Comment les connaissez-vous ? Où en avez-vous entendu parler ?

En voyant une émission de variété des années 1980, vous trouvez ridicules et kitch ces coupes de cheveux, ces vestes aux épaulettes surdimensionnées, alors qu'à l'époque c'était le dernier chic et du plus bel effet ? Cela montre simplement notre tendance à être influencés, dans notre perception de l'esthétique et de la beauté, par la société !

Derniers gadgets

Avez-vous remarqué comme presque tout est dicté par les derniers smartphones ou encore les tablettes ? Ces appareils nous permettent non seulement de rester en contact avec nos amis et notre famille, mais aussi de nous faire de nouveaux amis, même si la plupart resteront virtuels ! Nous pouvons maintenant chatter avec des gens à l'autre bout du monde, recevoir les dernières nouvelles de la naissance d'un héritier ou toute autre information par les réseaux sociaux… De surcroît, ces appareils permettent également de faire des photos et des vidéos et de les partager dans l'instant avec tous nos contacts.

Les plus jeunes commencent à avoir leur propre téléphone. Ne vous arrive-t-il jamais d'essayer de discuter avec quelqu'un qui a le nez sur ses SMS plutôt que de vous écouter ? Ou êtes-vous, vous-même, cette personne ? Ceci nous amène à ces questions : pourrions-nous nous passer de ces nouvelles technologies ? Comment faisaient nos grands-parents pour vivre sans ? Qu'est-ce qui nous fait choisir ce téléphone plutôt que tel autre ?

Exercice 10

Vous devez acheter un smartphone ! Lequel choisissez-vous ? Quels sont vos critères de choix ? Réfléchissez bien…

- Vous prenez celui très connu que vous voyez tous les jours à la télévision pendant la pub ?
- Vous optez pour celui que possède votre meilleur ami car il en est content et vous lui faites confiance ?
- Vous prenez celui qui vous convient, en fonction de vos besoins, votre budget, peu importe qu'il soit ou non à la mode ou connu par qui que ce soit ?

Vous aurez compris que dans les deux premiers cas, il y a une sorte de manipulation envers vous ! Que celle-ci vienne des médias ou de vos amis, vous avez été influencé.

Hypnose « récréative » ou sportive

Il s'agit ici des phénomènes de transes engendrés par certains rythmes musicaux rapides (techno, par exemple), mais pas seulement !

Les transes sont liées à la saturation des capteurs auditifs et visuels lors de spectacles ou concerts. Ainsi, afin de saturer les sens et de créer chez le spectateur un état de transe lors de concerts, spectacles, films de cinéma, il est généralement utilisé un volume sonore important, des flashs lumineux, etc.

De même, nous pouvons observer des états de transe lors de certains efforts d'endurance, ou liés à la concentration des athlètes. Ceci est lié à une élévation des endorphines et à une autohypnose engendrée par le rythme de l'effort.

CHAPITRE 8

THÉRAPEUTIQUE ET DÉVELOPPEMENT PERSONNEL

Au programme

- **Hypnose thérapeutique**
- **Développement personnel**
- **Communication**

Nous allons aborder ici quelques indications de l'hypnose en médecine générale et spécialisée, ainsi qu'en thérapie et développement personnel. Cet ouvrage devant être le plus concis et simple possible, cette liste d'exemples n'est pas exhaustive, d'autant qu'elle s'étend de jour en jour puisque, à l'heure actuelle, de nombreux travaux cliniques et études sont faits régulièrement par des confrères utilisant cette méthode.

Hypnose thérapeutique

L'hypnose peut être utilisée pour les maladies fonctionnelles (anomalies du fonctionnement d'un organe alors même que les examens ne décèlent aucune lésion) ou les troubles influencés par le contexte émotionnel : ceux-ci sont constitués essentiellement de maux de tête et de douleurs musculaires, notamment le long de la colonne vertébrale et des membres. Ces douleurs surviennent pendant certaines périodes de tension professionnelle ou environnementale, ou dans le cas de maladies psychosomatiques, qui représentent les affections organiques dans lesquelles des facteurs psychiques peuvent être impliqués. L'hypnose peut avoir d'excellents résultats en urgence et lors de récidive ; elle aide aussi à faire diminuer la fréquence des crises.

Il est très important de mentionner que le traitement médical ne devra en aucun cas être systématiquement arrêté. Toutefois, l'hypnose pourra peut-être permettre d'en diminuer les doses, voire de le stopper si cela est possible, ceci bien entendu en accord avec le médecin traitant.

Chez l'enfant

L'hypnose peut être utilisée chez l'enfant dès qu'il est en âge de suivre une séance, soit environ vers six, sept ans. La manière de travailler avec les enfants est très différente de celle pratiquée chez les adultes.

Les enfants s'expriment spontanément, aiment expérimenter. Ils construisent leurs connaissances et structurent leur pensée et leur vision du monde grâce à leur imaginaire très développé. Ils vivent souvent dans l'univers de leurs dessins animés, livres ou jeux favoris. En cela, ils sont déjà en quelque sorte des experts en hypnose, ayant une tendance spontanée à entrer en transe.

Pendant une séance, aidés du praticien, ils jouent avec l'imaginaire. À travers l'expérience physique du jeu, ils se recentrent peu à peu sur leur propre expérience, l'observent, la considèrent différemment, découvrent des possibilités de changement et réactivent ainsi le plus efficacement possible leurs propres ressources, pour changer. Les séances sont en général de plus courte durée, non seulement parce que l'enfant entre très vite en état de transe, mais aussi parce qu'il travaille plus vite et se lasse également plus rapidement.

Exercice 11

Votre enfant de cinq, six ans est pris de panique à l'idée de devoir subir un rappel de vaccin ? Testez ceci ! Dans la salle d'attente, par exemple...

Demandez-lui d'imaginer qu'il est pharmacien ou docteur et qu'il invente une pommade pour éviter la douleur. Faites-lui choisir une couleur pour cette pommade (bleue ? verte ? rose ? peu importe !), un parfum, une odeur, une texture (comme un gel, transparente ? ou bien épaisse ?). Puis dites-lui de passer cette pommade anesthésiante à l'endroit où l'on va lui injecter le vaccin (cuisse, épaule), en l'étalant bien sur toute la surface nécessaire, et d'en ressentir la température (fraîche ?) et la texture sur sa peau, laquelle va devenir de plus en plus insensible à mesure qu'il passe le produit imaginaire. Il est important qu'il prenne son temps et s'applique à ce qu'il fait.

Observez ensuite comment se passe le vaccin.

Même si les enfants sont très sensibles à l'hypnose, chez eux comme chez les adultes, il est important de se souvenir qu'elle n'est pas toute-puissante non plus ! Les résultats et la méthode diffèrent selon les personnalités.

Il est également très important que l'enfant souhaite participer à sa prise en charge et qu'il tisse un lien avec le praticien. La confiance est là encore primordiale pour une intervention efficace.

Accouchement

Efficacité

Malgré le peu d'études statistiques permettant d'affirmer que l'hypnose est la méthode clé pour les femmes enceintes, les sages-femmes et accoucheurs proposent plusieurs techniques précises concernant la préparation de la grossesse et de l'accouchement. Ils ont constaté trois avantages essentiels :

- la douleur liée au travail de l'accouchement est apaisée, elle serait réduite de moitié chez la majorité des femmes sous hypnose ;
- la dilatation du col est plus rapide ;
- l'accouchement se déroule généralement plus vite.

Conditions

En dehors des contre-indications à l'hypnose déjà mentionnées, toutes les femmes enceintes peuvent avoir recours à cette méthode de préparation à l'accouchement, particulièrement celles qui ne peuvent pas accoucher sous péridurale.

Accoucher sous hypnose est efficace si la future maman fait une confiance totale au personnel médical et n'a aucun préjugé contre la méthode.

Pour un accouchement sous hypnose réussi, l'implication du père est une condition essentielle. Il prendra le relais de la sage-femme quand elle devra s'absenter, et représentera une aide rassurante pour la maman.

Enfin, la prescription de séances d'autohypnose entre les visites chez la sage-femme permet aux futures mamans de gérer stress et petits soucis quotidiens.

Hypnose et anesthésie

Les recherches médicales les plus importantes dans le domaine de l'hypnose ont porté sur l'utilisation de cette méthode dans le contrôle de la douleur. Il a effectivement été découvert que l'hypnose pouvait avoir un réel impact à ce niveau, en permettant de bloquer les signaux de la douleur quand ils atteignent le cerveau, et en substituant une autre sensation à celle-ci. C'est là que l'hypnosédation trouve son origine.

En pratique

La faculté naturelle de tout individu à entrer en état d'hypnose dans ses activités quotidiennes est utilisée en hypnosédation, le plus souvent couplée à un médicament anesthésique faible. L'anesthésie se pratique en toute sécurité, avec toutes les surveillances nécessaires (cardiaque, respiratoire, etc.), comme pour toute anesthésie classique.

Parfaitement encadrée, la consultation anesthésique préopératoire reste obligatoire ! Ici encore, communication véritable et confiance entre praticien et patient sont primordiales !

Seul le professionnel de santé pratiquant l'hypnose a le droit de parler au patient pendant l'intervention. Le patient est actif dans sa prise en charge et le praticien parfaitement impliqué.

Observation

Le praticien ericksonien demande en général au patient de choisir un souvenir agréable et sécurisant. Il peut s'agir d'un lieu, d'un entourage affectif ou encore d'un sport, d'une activité, d'un hobby. Il utilise ce souvenir pour la phase d'induction conduisant à la transe hypnotique. C'est dans cet environnement qu'il a lui-même choisi que le patient se trouvera pendant l'intervention. Une personne se faisant opérer peut ainsi s'imaginer étendue sur une plage tropicale, à cheval ou à une fête de famille ! Un jeune enfant a même, après une intervention, raconté à ses parents qu'il avait passé une heure à jouer au tennis et avait gagné une médaille – il en était parfaitement convaincu !

Indications

Il semble possible de recourir à l'hypnosédation pour tous les cas où l'on pourrait utiliser une anesthésie locale ou régionale, comme l'extraction de polypes dans le nez ou de dents de sagesse, ou d'interventions plus sérieuses, comme certaines opérations de chirurgie plastique et maxillo-faciale, de la thyroïde, ORL, gynécologique (hystérectomie…). Elle augmente les effets des sédatifs et morphiniques. L'hypno-analgésie peut être à tout moment transformée en anesthésie générale si la situation clinique l'exige.

Notons néanmoins que l'investissement des équipes chirurgicales dans cette technique varie suivant les pays, les régions et les hôpitaux. L'hypnosédation exige en effet du temps, de l'énergie, une demande du patient, l'accord du chirurgien et une grande synergie entre tous les intervenants.

Avantages

Après une hypnosédation, le patient peut boire et manger sans délai. Il ressent moins, voire pas du tout de nausées et peut se lever immédiatement.

De plus, des observations ont montré que, par rapport aux patients opérés sous anesthésie générale, ceux qui ont bénéficié d'une hypnosédation en gardent généralement un bien meilleur souvenir, dû principalement à leur participation active. Ils sont plus calmes pendant la chirurgie, se disent moins fatigués et consomment moins d'antidouleurs. Enfin, cette pratique qui laisse leur conscience aux patients leur permet, semble-t-il, de se rétablir plus rapidement et de diminuer par là même la durée des arrêts de travail.

Exercice 12

Testez une anesthésie hypnotique de la main

Asseyez-vous confortablement, prenez quelques bonnes inspirations. Choisissez alors l'une de vos mains, puis levez-la à la hauteur de votre visage. Observez-la en prenant votre temps, ayez conscience de ses sensations. Imaginez que, comme vous, elle vit, est constituée de cellules. Vous sentez peut-être une température tiède ou fraîche ? Peut-être même des fourmillements ou des picotements à l'intérieur ? Imaginez alors que vous plongez peu à peu la main dans un seau d'eau très froide, sans vous presser. Laissez la main ressentir progressivement ce froid qui monte et engourdit petit à petit les doigts… Quel doigt va s'engourdir le premier ? Peu importe, laissez la main changer, commencer à s'engourdir. L'eau devient de plus en plus froide, puis glacée, vous pouvez imaginer des glaçons dans le seau. Retrouvez une sensation hivernale, comme lorsque vous avez pris de la neige en main… Souvenez-vous… ce moment permet à la main de s'engourdir encore… Vous allez la percevoir comme une « masse », avec des sensations plus froides ou peut-être plus chaudes : lorsque l'on met une main dans la neige glacée, cela peut parfois paraître plus chaud. Ici, faites que cette sensation soit agréable ou neutre, que la main se neutralise et devienne une « masse » complètement anesthésiée par le froid… Vous ne la sentez plus. Elle est insensible ! C'est un peu comme si cette main était à vous sans l'être vraiment, comme si vous la sentiez sans réellement la sentir… Laissez cette sensation devenir neutre pour vous.

Une fois l'anesthésie obtenue, ressortez la main du seau et laissez-la doucement se réchauffer en imaginant la température augmenter peu à peu, froide, fraîche, puis tiède… jusqu'à ce que votre main retrouve toutes ses sensations normales, soit de nouveau agile et éveillée.

Dentisterie

Phobie

Appelée stomatophobie, elle empêcherait plus de 10 % de la population d'accéder aux soins dentaires. Il s'agit d'une véritable terreur qui ne se raisonne pas ! Les conséquences peuvent être un véritable handicap, tant en termes de santé (infections, difficultés pour s'alimenter) que de répercussions sociales (certains n'osent plus sourire, sortir au restaurant, voir des amis ou se montrer en public). Il s'agit d'un cercle vicieux : la personne concernée, ayant parfois honte d'avoir un état dentaire aussi déplorable, n'ose pas consulter pour demander de l'aide. Ce problème a des conséquences encore plus graves pendant la croissance, la dégradation des dents de lait ayant des répercussions sur le bon développement des mâchoires et pouvant entraîner, entre autres, un problème de malocclusion.

L'hypnose permet parfois de résoudre en quelques séances ce type de problème en apparence insurmontable. Nous allons demander au patient phobique de visualiser (en toute confiance sous hypnose) le déroulement des soins, en l'accompagnant avec des métaphores, ancrages, suggestions vers une relaxation progressive.

Observation

M. Dupont refusait depuis huit ans de remettre les pieds chez un dentiste car il ne supportait pas l'odeur particulière régnant dans un cabinet dentaire. Dès l'entrée en salle d'attente, il avait tendance à s'évanouir. Deux séances d'hypnose lui ont suffi pour se débarrasser de la peur liée à un mauvais souvenir d'enfance, et à retrouver le besoin d'agir pour sa santé et celle de ses dents.

La détente ressentie, l'apprentissage du lâcher-prise et la participation active du patient à l'expérience permettent de trouver les ressources nécessaires pour calmer sa peur et aller consulter. Le nombre de séances dépend de la sévérité du trouble, de son ancienneté, et de l'intégration et sensibilité à l'hypnose de la personne concernée.

Pendant la séance

Utilisée depuis longtemps par les chirurgiens-dentistes pour ses indications antalgiques, l'hypnose a par la suite vu son utilisation diminuer lors de l'apparition de l'anesthésie médicamenteuse. Les praticiens la réservaient aux patients allergiques aux anesthésiants. Actuellement, elle reprend la route des cabinets dentaires !

L'hypnose permet aussi de faire diminuer la salivation ainsi que le réflexe nauséeux souvent gênant pour le praticien, et de contrôler les hémorragies lors d'une intervention sur la gencive ou d'une extraction dentaire. Nous l'avons vu plus haut, elle aide à gérer l'anxiété ou l'angoisse du patient, et à améliorer le confort et la confiance au cours des soins. Ils sont ainsi réalisés dans de meilleures conditions, ce qui permet de raccourcir les séances et de gagner en confort, aussi bien pour le patient que pour le dentiste. Les patients traités sous hypnose ont moins d'œdèmes, cicatrisent plus rapidement et ne subissent en général presque aucun effet secondaire. Enfin, elle contribue également à l'acceptation des prothèses et appareils dentaires, souvent psychologiquement mal tolérés.

Il est possible de créer des ancrages que le patient activera en autohypnose afin d'être autonome lors d'une consultation. Le patient prend ainsi conscience qu'il possède lui-même un certain contrôle sur ses émotions et ses sensations corporelles.

Autres indications en stomatologie

Le dentiste peut être consulté pour des problèmes d'acouphènes, liés à une mauvaise occlusion. L'hypnose agit à la fois sur la perception des acouphènes et sur leur cause. Elle peut également avoir un impact sur le bruxisme (grincements ou serrements des dents) ainsi que sur d'autres symptômes liés au mauvais fonctionnement de l'articulation des mâchoires (douleurs, craquements…).

Certaines douleurs, dites psychosomatiques, nécessitent de lever un blocage émotionnel qui engendre ou entretient la douleur. Ici, extraction dentaire ou antidouleurs sont inutiles. L'hypnose se révèle dans ce cas aussi être une aide précieuse pour reconnaître et libérer l'émotion.

Observation

Un de nos patients s'est débarrassé d'une douleur dentaire chronique en recherchant ses causes émotionnelles. Pour cela, nous avons interrogé sous hypnose la dent douloureuse. Le message donné par le corps a permis de libérer l'émotion, liée dans ce cas à un traumatisme infantile, et de calmer cette douleur.

Hypnose et douleur

L'hypnose, permettant de modifier la perception et le ressenti, agit sur la douleur, et notamment sur le seuil de tolérance à celle-ci, ainsi que sur la transmission de l'information. La sensation de douleur va donc vraiment diminuer.

Besoins

Toutefois, avant d'entreprendre tout travail hypnotique à visée antalgique, il convient de vérifier toutes les causes organiques possibles de cette douleur en consultant un médecin qui fera les examens appropriés. De plus, il est préférable de bien prendre garde à l'environnement social de la personne concernée. Une douleur chronique, souvent à l'origine de diverses plaintes et demandes, permet au patient d'obtenir de son entourage d'importants bénéfices secondaires dont il n'est peut-être pas prêt à se défaire !

Le travail sera alors basé dans un premier temps sur les réels besoins de la personne et sur la redécouverte de l'estime de soi, de l'autonomie notamment, avant d'aborder le traitement antalgique lui-même !

Cibles

Il est possible de jouer sur deux composantes principales de la douleur : l'intensité et la fréquence. Il est alors important que la personne puisse devenir autonome et se gérer elle-même, par l'apprentissage de l'autohypnose, notamment dans le cadre de douleurs chroniques. La répétition à domicile des séances est ainsi plus facile et le résultat plus efficace.

L'hypnose permet alors d'améliorer plusieurs types de douleurs tels que maux de tête, lombalgies, douleurs articulaires, rhumatismes, etc. Elle permet de traiter le côté aigu aussi bien que chronique de la douleur.

Mise en garde

Attention en particulier aux douleurs aiguës ! Consultez toujours un médecin avant d'utiliser l'hypnose. Imaginez une douleur en bas du ventre ou dans la poitrine qui serait améliorée par hypnose… Le patient risquerait ensuite de ne plus aller chez le médecin – mais s'il s'agissait d'une appendicite ou encore d'un infarctus ?

Gérer la douleur, l'améliorer ne signifie pas « guérir » la maladie sous-jacente si elle existe, il est important de bien le souligner ! L'hypnose est donc essentiellement conseillée sous forme d'autohypnose chez les personnes souffrant de douleurs chroniques.

Exercice 13

Anesthésiez votre main comme dans l'exercice 12, puis posez-la sur la zone douloureuse. Inspirez profondément et imaginez qu'à chaque souffle, la sensation neutre de la main se diffuse dans cette zone. Imaginez à chaque souffle que cette zone qui était douloureuse devient insensible, neutre… Peu à peu, la zone s'endort comme si elle s'anesthésiait véritablement, comme avec un médicament, mais naturellement, grâce à la main… La main est l'anesthésiant ! C'est elle qui neutralise la douleur, la fait diminuer, l'endort.

Tous les souvenirs que vous pouvez avoir d'une autre anesthésie locale bien tolérée, dentaire par exemple, viennent s'ajouter à cette sensation. Enfin, un mot que vous pouvez choisir (calme, neutre, anesthésie, etc.) engourdit encore plus cette zone chaque fois que vous le répétez…

Imaginez un compteur avec des chiffres (ou des couleurs) ; regardez les chiffres baisser au fur et à mesure que la douleur diminue, se neutralise, disparaît... Cette zone est apaisée, aussi longtemps que vous le voudrez. Ensuite, ôtez l'anesthésie de la main en disant « stop anesthésie dans la main » et laissez-la dans la zone qui en a besoin. Dites à votre esprit que maintenant, vous laissez votre main retrouver ses sensations normales, sa sensibilité ordinaire.

> L'anesthésie continue encore dans les minutes, voire les heures qui viennent.

Cette technique est très utilisée en hypnose, et notamment sous forme d'autohypnose, car elle est simple et vous permet d'expérimenter que vous pouvez facilement transformer ce que vous êtes en train de vivre.

Elle peut vous aider à gérer des douleurs chroniques ou postopératoires, par exemple, et peut atténuer une douleur en attendant d'aller consulter... Mais attention : l'hypnose ne doit en aucun cas se substituer à la médecine ! Il peut être nécessaire de garder une certaine douleur pour aller consulter le médecin !

Troubles du comportement

Les troubles du comportement sont tous plus ou moins liés à un certain conditionnement, mis en place un jour suite à un événement déclencheur, le plus souvent inconscient. Nous citerons ici les addictions, les TOC et les phobies. Ils peuvent avoir un retentissement physique, psychologique, relationnel et social, et le retour à une vie libre devient de plus en plus difficile.

Addictions

Les addictions, ou dépendances, sont des comportements provoqués par une envie irrépressible malgré les efforts fournis pour la vaincre.

On connaît généralement ce terme pour les drogues, tabac ou psychotropes, mais il est en fait employé pour toutes les conduites irrépressibles, qu'il s'agisse de troubles du comportement alimentaire, d'alcoolisme, de jeux d'argent et même, de plus en plus, des dépendances aux jeux vidéo, à Internet et en particulier à certains réseaux sociaux.

Observation

Certains pensent qu'imaginer des friandises stimule l'appétit. Une équipe américaine de l'université de Pittsburg a montré que ce n'est pas le cas, au contraire ! Les scientifiques ont demandé à des volontaires de s'imaginer en train de manger des M&M's, avant de leur en proposer. Ils ont constaté que ceux qui avaient dévoré mentalement trente M&M's en prenaient beaucoup moins dans le bol qui leur était tendu que ceux qui en avaient pris seulement trois fois en imagination. Cet effet d'habituation ne fonctionnait que pour la nourriture imaginée. L'étude montre donc que les représentations mentales, plutôt que de stimuler le comportement (manger), induisent dans l'esprit de celui qui s'y livre les conséquences de ce comportement (satiété). Les auteurs suggèrent que ce mécanisme mental pourrait être mis à profit pour réduire certaines compulsions alimentaires ou addictions.

Phobies

Une situation *a priori* simple (prendre un ascenseur, l'avion…) entraîne une angoisse irrationnelle et incontrôlable. C'est une sorte d'autohypnose « négative ». L'état de conscience (et de confiance) de la personne change, ses émotions s'emballent. L'angoisse peut même aller jusqu'à un trouble panique ! Souvent incompréhensibles pour l'entourage, les phobies peuvent entraîner une énorme détresse psychologique et avoir un impact très important sur la qualité de vie.

En complément d'un éventuel traitement médicamenteux, un « déconditionnement » de la phobie est un acte assez simple en hypnose thérapeutique, qui peut s'effectuer en très peu de séances.

Une fois la phobie traitée, le traitement médical pourra être diminué, voire stoppé – toujours après avis médical.

Les troubles obsessionnels compulsifs (TOC)

Faisant partie des pathologies de l'anxiété (ici sous-jacente), les TOC associent des idées obsédantes (exemples : peur excessive des microbes, de la contamination, de l'agression…) à des compulsions, c'est-à-dire des rituels, que le sujet sait être absurdes, mais qu'il ne peut s'empêcher d'accomplir pour tenter de soulager son anxiété. Il s'agit de la répétition excessive d'actes normaux, comme se laver les mains de nombreuses fois par jour, vérifier plusieurs fois avant de se coucher que le gaz ou que les portes sont fermées – et se relever pour recommencer ! On parle de rituels de lavage, de vérification… Certaines personnes calculent mentalement ; on parle aussi dans certains cas de « pensée magique ».

Les TOC, occupant plusieurs heures chaque jour, peuvent être très handicapants socialement, gâchant la vie du malade et de son entourage. Ils sont souvent associés à d'autres troubles comme une phobie sociale, des crises d'angoisse, l'alcoolisme, la dépression…

L'hypnose peut apporter un certain soulagement aux personnes atteintes de TOC, en travaillant notamment sur l'anxiété générale, mais aussi sur les croyances et les comportements. De plus, elle permet d'intervenir sur les composantes associées citées plus haut.

Problèmes psychiatriques

De plus en plus de praticiens utilisent certains aspects de l'hypnose. Les névroses (anxiété, phobies) sont dans l'ensemble une excellente indication de l'hypnose, associée ou non à un traitement médical. Elle permet également la rééducation du sommeil, souvent très utile lorsqu'un patient prend des médicaments depuis de nombreux mois, voire plusieurs années ! Le sevrage sera cependant réalisé sous une surveillance médicale sérieuse, parfois même dans un établissement spécialisé.

L'hypnose peut apporter une amélioration en cas de dépression nerveuse, à condition d'être réalisée par des thérapeutes compétents : psychiatres, psychologues, médecins particulièrement habitués à ces troubles. Un traitement médicamenteux ainsi qu'un soutien psychologique peuvent lui être associés.

L'hypnose apporte ainsi ce qu'Erickson appelait le « recadrage » en permettant au patient de vivre différemment ses troubles, en modifiant leur sévérité, leur fréquence et leur intensité !

Explorations paracliniques

L'utilisation de l'hypnose peut conduire à une meilleure tolérance de certains examens, et permettre ainsi des explorations instrumentales diverses sans anesthésie générale et dans de meilleures conditions : moins de douleurs ou de désagréments pour les patients, plus de facilité pour les praticiens.

Pour exemple, une fibroscopie bronchique est plus simple quand les sécrétions bronchiques sont moins abondantes, la toux moins fréquente. De même, lors des fibroscopies gastriques, l'ouverture du pylore est possible sans utiliser de médicament, grâce à l'hypnose.

De nombreux autres examens sont ainsi facilités.

Maladies organiques spécifiques

L'hypnose peut être utile contre les maladies dites organiques (lors desquelles un ou plusieurs organes sont malades), d'autant que celles-ci sont souvent associées, plus ou moins directement, à un état de stress qui peut faire partie de la cause ou en être la conséquence.

Attention, nous ne disons aucunement que toutes les maladies ont pour origine le stress ; toutefois, cet état provoque, aggrave ou maintient beaucoup d'entre elles ! L'hypnose ne permet sans doute pas toujours de les guérir, mais elle contribue à leur amélioration ou à une rémission.

Citons ici quelques domaines, sans pouvoir en faire de liste exhaustive. Ce type de prise en charge est fait de préférence par des spécialistes compétents dans chaque domaine, ou en collaboration avec eux.

Cardiologie

L'hypertension artérielle et les troubles du rythme cardiaque sont une excellente indication de l'hypnose, qui permet de se détendre et d'améliorer ces troubles, par régulation de la respiration et la relaxation.

Dermatologie

La peau (épiderme) est une sorte de barrière entre l'intérieur de notre corps et le milieu extérieur. Elle peut réagir assez fortement à l'état psychologique. Ne parle-t-on pas de réaction « épidermique » ?

Contrariétés professionnelles, personnelles, stress, anxiété, conflits internes, etc., peuvent entraîner nombre de problèmes cutanés tels qu'eczéma, psoriasis, verrues… En effet, les conflits internes (mal-être) diminuent les défenses immunitaires et entraînent parfois le développement de certaines maladies de peau. Certains ennuis cutanés peuvent aussi être entretenus par ces mêmes causes !

Ainsi après avoir éliminé ou traité une cause médicale si besoin était, l'hypnose peut permettre de vous débarrasser ou d'atténuer vos problèmes de peau en vous aidant à vous libérer de votre stress.

La visualisation peut entraîner une amélioration du système immunitaire et accélérer la cicatrisation d'une plaie. Il est possible également de diminuer sensations de picotements, démangeaisons et autres désagréments.

Pneumologie

S'il y a fréquemment dans l'asthme une composante génétique ou une réaction allergique, des facteurs émotionnels sont souvent à l'origine du déclenchement d'une crise. Une personne asthmatique a l'habitude de reconnaître le caractère imminent d'une crise ! Il lui est possible de l'éviter en apprenant à mieux gérer son stress grâce à l'autohypnose. Sans obtenir une guérison, le patient peut ainsi gérer lui-même ses crises.

Il est également possible d'obtenir une action sur l'effet spasmodique de certaines bronchites, comme les bronchites asthmatiformes.

Gastro-entérologie

Nous pouvons utiliser l'hypnose dans les troubles liés à différentes pathologies comme les maladies inflammatoires intestinales : maladie de Crohn, certaines colites.

Chirurgie

Jugulant les effets du stress avant, pendant et après l'opération, l'hypnose participe à la diminution des douleurs et permet d'effectuer plus facilement des actes de petite chirurgie, les pansements des personnes brûlées ou accidentées par exemple, et de raccourcir la durée de la convalescence.

Elle peut avoir d'excellents résultats dans l'acceptation des prothèses, après une amputation ou à la suite d'un accident.

Gynécologie, sexologie

Les dyspareunies (douleurs lors des rapports sexuels), troubles des règles, la frigidité chez la femme, l'éjaculation précoce ou l'impuissance chez l'homme peuvent être améliorés par l'hypnose, apportant l'harmonie en vous-même et au sein du couple.

L'hypnose apporte souvent de bonnes solutions aux troubles sexuels non organiques. Certains événements ou traumatismes anciens sont mémorisés dans l'inconscient et peuvent entraîner des blocages qui perturbent le fonctionnement des organes génitaux et le bon déroulement de la sexualité. Vous avez beau vouloir, insister encore et encore consciemment, les émotions reprennent le dessus.

L'hypnose permet un travail de libération des émotions en vous aidant à vous défaire de certaines de vos croyances inconscientes, et offre ainsi la possibilité de vivre une sexualité plus épanouie.

Rhumatologie

Les conséquences inflammatoires ou douloureuses de l'arthrose, l'arthrite ou des maladies rhumatismales (polyarthrite rhumatoïde, par exemple) peuvent être soulagées par l'hypnose et la pratique régulière de l'autohypnose. Elle favorise également leur rééducation fonctionnelle.

Observation

Plusieurs de nos patientes atteintes de polyarthrite rhumatoïde et traitées par hypnose (en complément de leur traitement médicamenteux) ont vu leurs douleurs diminuer, leurs articulations retrouver une meilleure amplitude et plus de souplesse. L'une d'elles a pu quitter son fauteuil roulant et remarcher, d'abord avec des béquilles puis normalement, évitant un lourd traitement par chimiothérapie qui lui était proposé. D'autres ont pu reprendre leur activité professionnelle, ou encore retrouver la capacité à marcher sur de plus grandes distances. Notons que ces personnes ont signalé être moins angoissées par leur maladie, mieux la gérer et avoir un meilleur sommeil ainsi qu'une meilleure qualité de vie !

Cancérologie, maladies chroniques

Attention tout d'abord, particulièrement dans ce domaine, aux propositions de traitements miracles et aux personnes qui vous demanderaient de stopper tout traitement allopathique. Ici encore, n'arrêtez jamais un traitement sans avis médical !

Hypnose et autohypnose permettent aux personnes atteintes de cancer ou de maladies auto-immunes, par exemple, de mieux gérer la fatigue, les douleurs, nausées, vomissements et autres effets secondaires liés aux médicaments de chimiothérapie. De plus, une approche visant une meilleure gestion des émotions, du stress, de l'anxiété et de la peur liés à la maladie, est très importante. Un soutien psychologique, un travail sur la motivation et la confiance en soi sont nécessaires, ainsi que les techniques utilisant la visualisation.

Travaux médicaux

Les travaux des docteurs Simonton sont ici une référence en matière de prise en charge du cancer. L'ouvrage *Guérir envers et contre tout* explique de façon simple le type de prise en charge de ces pathologies et les conditions pour espérer amélioration et rémission.

Plus récemment, les ouvrages du docteur Servan-Schreiber, lui-même atteint d'un cancer auquel il a survécu de nombreuses années, font références à de nombreuses techniques, dont l'hypnose et autres méthodes apparentées.

Il est ici primordial que le patient lui-même soit motivé pour aller mieux, garde un esprit battant et fasse des projets de vie ! C'est grâce à ce type de motivation que l'hypnose pourra être efficace. Lorsque des membres de la famille demandent des séances d'hypnose pour leurs proches, elles sont difficilement efficaces si le principal intéressé n'y adhère pas…

Traumatismes

Traumatismes physiques

Fractures, blessures, brûlures et autres problèmes physiques peuvent être traités par l'hypnose. Elle peut être utilisée dans la rééducation de séquelles d'accidents en diminuant les phénomènes douloureux, pour obtenir une meilleure cicatrisation des plaies, une récupération plus rapide des mobilités musculaires et flexibilités articulaires, et parfois même une consolidation plus rapide de certaines fractures.

Elle agit en mobilisant le patient, en le motivant pour qu'il participe à sa rééducation, qu'il rend ainsi plus efficace.

Exercice 14

- Installez-vous debout, pieds légèrement écartés, bras le long du corps.
- Montez lentement un bras sur le côté, jusqu'à l'horizontale.
- Tendez votre index (comme pour indiquer une direction) et, en gardant votre bassin immobile, tournez votre buste du côté du bras que vous avez choisi.
- Notez où arrive votre index en prenant un repère dans la pièce (par exemple le bord d'une porte). Vous avez ainsi mesuré une amplitude de rotation.
- Revenez à la position initiale, bras le long du corps.
- Fermez les yeux. Sans bouger, visualisez le même mouvement sans le faire : revoyez votre bras s'élever tout doucement, à votre rythme, puis votre index qui se tend de nouveau. Visualisez, toujours sans bouger, la rotation de votre buste, la même que celle que vous venez de réaliser, en imaginant simplement aller un peu plus loin, puis beaucoup plus loin dans ce mouvement, jusqu'à dépasser le point de repère précédent.
- Ouvrez les yeux et montez à nouveau votre bras. Refaites le même mouvement. Regardez où arrive votre index à présent et comparez par rapport au repère du premier essai.

Que notez-vous ?

> Étonnant, n'est-ce pas ? Vous avez certainement remarqué que l'amplitude du mouvement est beaucoup plus importante après la visualisation de celui-ci. Si ce n'est pas le cas, refaites l'exercice en prenant bien le temps de décomposer le mouvement.
>
> Cet exercice simple met en évidence l'importance de la programmation psychique sur le geste. Vous pouvez imaginer son utilité une fois adapté à une rééducation ou chez un sportif, par exemple !

Traumatismes psychologiques

Les traumatismes psychologiques peuvent être divers et variés. Il peut s'agir d'une mauvaise expérience survenant suite à un accident (sport, accident de la voie publique…), une agression physique, sexuelle, un harcèlement moral, une maladie lourde, un cas de violence conjugale, une guerre. Il peut également concerner un deuil (décès, mais aussi séparation de conjoints, enfant parti, perte d'un travail) qui n'a pas été fait. Le traumatisme initial est différent pour chaque individu ; ce qui importe, c'est la façon dont la personne le vit. Ainsi, des personnes ayant subi de graves accidents ou un viol peuvent être moins affectées que d'autres par la perte de leur travail, par exemple. Tout est affaire de contexte, de sensibilité, d'entourage... au moment du traumatisme.

Chez certaines personnes, la violence subie est telle (ou ressentie avec une telle force) qu'elle peut conduire au syndrome de stress post-traumatique (SSPT) : trouble anxieux sévère réactionnel à une situation durant laquelle l'intégrité physique et/ou psychologique de la personne ou de son entourage a été menacée ou atteinte (accident grave, abus sexuels, mort violente, guerre, attentat, catastrophe naturelle...).

La réaction à l'événement peut se traduire immédiatement (peur intense, sentiment d'impuissance ou d'horreur), mais elle peut aussi apparaître beaucoup plus tard, après plusieurs semaines, voire plusieurs mois. Il s'agit d'un état d'autohypnose négative typique.

Observation

Durant la Première Guerre mondiale, les soldats atteints de SSPT auraient parfois été exécutés pour lâcheté ! Par la suite, avec la Seconde Guerre mondiale et la guerre du Viêt-Nam, de nombreux psychiatres, médecins et psychanalystes se sont intéressés de plus près à cette pathologie.

Il existe de nombreuses publications sur le traitement par hypnose du stress post-traumatique, et de nombreuses études sur le traitement des névroses de guerre. Certaines démontrent que les parents des sujets très hypnotisables se révélaient plus stricts et sévères que les autres. Il semblerait que les sujets ayant subi des événements fortement traumatisants soient plus réceptifs à l'hypnose. Ces expériences concluent que les personnes ayant subi des traumatismes (surtout les traumatismes précoces de l'enfance) auraient plus de facilités à se dissocier et donc à avoir recours à l'hypnose, la dissociation étant à la base de celle-ci.

L'hypnose, en recadrant la perception des choses vécues (deuils, viols, agressions...) et des émotions, permet de rétablir des processus compatibles avec une vie plus sereine. Sous hypnose, on n'oublie pas un viol, un accident ou une agression, mais la charge émotionnelle est transformée et redirigée vers quelque chose de différent et de plus constructif, permettant à la personne de mieux vivre sa vie.

Observation

Observons le traitement d'un patient atteint de SSPT : « Jeter les déchets ».

Praticien : « Imaginez que vous prenez une douche. L'eau coule et commence à vous nettoyer, en commençant par la tête. Prenez garde à savonner et à bien frotter pour nettoyer toutes les choses sales, les sentiments de colère, peut-être ? de haine, honte, culpabilité ? Éliminez bien toutes les peurs. Visualisez toutes ces choses comme une couleur noire, par exemple, qui colore l'eau, descend le long de votre corps. L'eau dans le bac à douche devient de plus en plus foncée tandis que votre peau, elle, devient claire, propre, saine. Lorsque tout est bien propre, vous pouvez sortir de la douche, comme faire un pas vers une vie nouvelle… Laissez s'écouler l'eau sale, faites-la disparaître complètement dans la bonde et rincez la douche. »

Développement personnel et coaching

Ici, il ne s'agit plus de traiter ponctuellement un ennui de santé, mais d'accompagner une personne vers un mieux-être (confiance en soi, gestion du stress, estime de soi) ou une amélioration de ses performances personnelles, sportives, artistiques. De nombreux domaines utilisent l'hypnose dans ces objectifs.

Allié à l'hypnose, le coaching est un très bon outil d'accompagnement. Le coach travaille avec son client sur sa créativité. L'imagination et la faculté de se projeter dans l'avenir (futurisation) afin de visualiser l'objectif comme déjà atteint en augmentent la puissance. En effet, le « coaché » peut ainsi ressentir toute l'importance de son but, lui apporter des améliorations et transformations pour que tout fonctionne encore mieux, mobiliser l'énergie nécessaire. Il acquiert ainsi toutes les capacités indispensables à sa réalisation.

Alliance de l'hypnose au coaching

Cette alliance permet :

- de mieux se connaître ;
- de repérer ses valeurs et croyances aidantes et limitantes ;
- de dépasser ses limites ;
- de développer ses potentiels, ses ressources ;
- de gérer le stress ;
- d'acquérir meilleures estime de soi et confiance en soi ;
- d'intégrer plus rapidement certaines aptitudes ;
- de se préparer physiquement et psychologiquement.

Le coaching est actuellement en développement : dans la vie quotidienne, le monde sportif, la vie amoureuse… Nous développons ici quelques domaines d'expertise de l'« hypnocoaching ».

Confiance en soi

Primordiale pour trouver un travail, entrer dans une relation affective, réussir un entretien d'embauche, c'est un motif de consultation fréquent ! Même une personne qui ne consulte pas pour cette raison se rend souvent compte après l'anamnèse* que c'est l'aspect de sa personnalité qu'elle a besoin de travailler et d'améliorer pour atteindre son objectif.

Exercice 15

- À pratiquer de préférence en début de journée, debout, dans une position stable, les jambes un peu écartées. Aucune induction nécessaire ici !
- Inspirez et soufflez profondément à fond à plusieurs reprises, au moins trois fois.
- Laissez venir un moment déjà vécu pendant lequel vous vous êtes senti vraiment sûr de vous ! Ce jour-là, dès le matin, vous saviez que la journée allait être excellente (un rendez-vous important, un entretien qui se passe bien…). Vous aviez cette certitude en vous : tout allait très bien se passer !
- Rappelez-vous alors de l'endroit, revivez la situation : comment êtes-vous habillé ? Y a-t-il des couleurs, des odeurs particulières ? Quels sont les

éléments du contexte ? Vous souvenez-vous des gens présents, des sons ? Évoquez qui vous a encouragé (« Je crois en toi, je suis fier de toi »).

- Sentez cette certitude en vous. Que vous dites-vous à vous-même à ce moment ? (c'est important) : « Je suis calme », « Oui je peux le faire, j'en suis capable ». Revivez les mots qui vous ont mis dans ce moment de certitude, de confiance en vous. Revoyez le film se dérouler exactement comme vous le voulez. Ressentez les émotions positives associées.
- Faites encore augmenter la certitude en respirant profondément. Tenez-vous droit, redressez les épaules et la tête, c'est une position de force !

Ancrez par un geste ce moment de certitude et de confiance (croisez les doigts, par exemple, ou choisissez un autre geste facile à reproduire).

- Gardez les yeux fermés et imaginez-vous, dans les jours qui viennent, réaliser quelque chose qui vous tenait à cœur mais que vous n'osiez pas tenter jusqu'à maintenant.
- Quelle est donc cette chose, celle qui, une fois que vous l'avez accomplie, vous fait vous sentir bien ? Trouvez-la ! Regardez-vous en train de la faire maintenant avec une confiance absolue.
- Observez votre posture : comment êtes-vous habillé ? Portez attention aux éléments du contexte. Que vous dites-vous ? Est-ce « Oui ! Je vais le faire » ?
- Regardez-vous marcher, respirer avec certitude !

Ancrez de nouveau, avec un mot cette fois-ci (Yes ? Je peux ?), un mot positif, associé à votre geste.

- Maintenez toujours les yeux fermés et projetez-vous dans six mois ou un an : vous êtes maintenant en train de vivre la vie que vous avez toujours voulue, le travail que vous souhaitiez. Un déménagement ? Un projet ? Maintenant, c'est fait, vous avez ce que vous vouliez ! Tout cela parce qu'un jour, vous avez décidé d'agir avec certitude !
- Mettez des images sur tout ça ! Respirez comme quand vous êtes sûr de vous, redressez les épaules, la tête… Que vous dites-vous ? Peut-être pouvez-vous trouver une couleur qui évoque cet instant ?
- Vous êtes cette personne que vous avez toujours voulu être, imprégnez-vous d'elle, de vous-même, et quand c'est au plus fort…

Ancrez les trois éléments : geste, mot, couleur !

- Inspirez un bon coup, soufflez et en soufflant ouvrez tranquillement les yeux en gardant avec vous cet état d'esprit !

Cet exercice, effectué en position debout, permet d'entrer dans l'action, d'aller de l'avant, d'éviter de tourner en rond. Le triple ancrage V, A, K se renforce de lui-même !

Souvenez-vous bien qu'un ancrage doit s'activer régulièrement pour être efficace. Pratiquez donc cet exercice régulièrement !

Performances sportives

De nos jours, les méthodes de préparation mentale à l'hypnose dans le domaine sportif sont en plein essor, justifiées par leurs effets concluants sur les performances des sportifs professionnels.

Amélioration de la concentration et des performances physiques, disparition du dialogue intérieur, renforcement mental font partie des demandes les plus régulières des entraîneurs et des sportifs eux-mêmes. L'hypnose est ainsi utilisée par la majorité des athlètes olympiques et par un grand nombre de sportifs.

Amélioration des performances physiques

Certains sports de longue durée, comme le marathon (où la douleur est une cause d'abandon) ou des sports particulièrement éprouvants physiquement (entraînant tendinites et autres blessures), nécessitent un travail sur la douleur.

Il est nécessaire au sportif de trouver des moyens lui permettant d'augmenter son énergie, mais également de mieux récupérer et d'être plus endurant.

L'hypnose peut, par des exercices divers, dont la visualisation (cf. exercice 1), permettre d'acquérir une meilleure flexibilité musculaire et tendineuse sans douleur et d'augmenter son énergie.

Émotions et estime de soi

Le contrôle des émotions est aussi un facteur primordial à gérer chez les sportifs de haut niveau. Effectivement, un excès de colère mal maîtrisé ou une forte anxiété peuvent mener tout droit à l'échec, ainsi qu'à d'éventuels conflits entre les sportifs ou avec les arbitres.

Un sportif pas assez efficace dans son domaine mérite de prendre le temps de travailler à améliorer son estime de soi et sa confiance en lui ! Peut-être revoir ses valeurs et regagner en motivation lui apporteraient-ils un regain d'énergie. L'hypnose pourrait, selon nous, être une excellente alternative au dopage !

Mise en condition mentale

L'entraînement mental est nécessaire au sportif. En autohypnose, il utilise l'imagerie mentale pour passer en revue les différentes étapes de sa pratique. Il peut se faire aider par un coach et utiliser des vidéos de compétitions, par exemple, montrant la performance correctement réalisée.

Ce travail de visualisation se pratique dans un premier temps d'un point de vue dissocié (le sportif se voit faire les choses) afin d'apporter les corrections nécessaires. Il est possible d'utiliser la distorsion du temps, par exemple, afin de voir les gestes au ralenti et d'avoir ainsi l'opportunité de corriger ce qui doit l'être. Lorsque tout est satisfaisant, le sportif s'associe à l'image afin de ressentir toutes les stimulations sensorielles (visuelles, auditives, kinesthésiques) présentes à ce moment-là.

Cette méthode permet un gain important de temps et d'efforts physiques, et donc une meilleure efficacité des entraînements.

Ancrage

Le sportif se crée une image de la performance telle qu'il souhaite l'obtenir. Il se voit en train de participer, de gagner, et peut alors à ce moment ancrer par un geste sa victoire et les moyens de l'obtenir. Cet auto-ancrage sera travaillé régulièrement pour être actif le jour de l'épreuve.

Apprentissages

Certains ont sans doute appris leurs tables de multiplication ou leurs récitations en chantant, d'autres ont lu leurs cours avant de dormir pour mieux les retenir ? Il a été démontré que nous retenons bien mieux ce que nous aimons ! Ainsi, plutôt que d'apprendre par cœur de façon analytique, il est plus facile d'apprendre en s'amusant, car nous faisons alors appel à la partie créative du cerveau. Apprendre sous hypnose relève du même mécanisme.

Difficultés scolaires

Les enfants en difficulté scolaire ont souvent un problème attentionnel résidant dans une difficulté de focalisation sur les cours, et/ou de concentration. Cela peut engendrer une hyperactivité.

L'hypnose est une discipline intéressante pour combattre les troubles de l'attention ou de la concentration chez l'enfant. Entraînant par la transe une expérience de focalisation sur soi et sur l'instant présent, elle est un apprentissage permanent de l'attention.

Préparation d'examens

L'hypnose permet une plus grande concentration et une augmentation de la mémorisation. En écoutant par exemple en état d'hypnose un mot que nous avons déjà vu écrit, nous le visualisons directement. Il est donc préconisé de lire un texte à apprendre avant d'entrer en transe. Pendant sa relecture sous hypnose, les mots, les sonorités « entrent » par la partie du cerveau qui permet de les retenir avec une aisance bien supérieure à celle rencontrée lors d'un apprentissage conscient.

Langues étrangères

L'hypnose peut également être utilisée lors de l'apprentissage d'une langue étrangère, car elle permet de lever d'éventuels blocages ou inhibitions.

En France, il semblerait que certains de ces blocages soient dus à une éducation valorisant beaucoup le côté logique et analytique (cerveau gauche), mais également à cause de la structure sonore de la langue française, qui couvre un spectre de sonorités moins important que d'autres langues, comme les langues nordiques.

L'apprentissage traditionnel repose sur l'hémisphère gauche du cerveau qui, nous l'avons vu, est plutôt analytique et logique. Il en résulte deux problèmes principaux :

- d'une part une incapacité à reproduire les sons, le rythme, la « mélodie » de la langue à apprendre ;
- d'autre part une difficulté à l'appréhender dans sa globalité et à sortir ainsi de la compréhension mot à mot.

Sous hypnose, nous faisons appel à la partie créative et globale du cerveau située dans l'hémisphère droit. En état de conscience dit normal, celui-ci est souvent inhibé par toutes sortes de blocages et inhibitions fréquemment liées à notre cerveau gauche, qui pense trop et cherche à tout analyser !

Un travail sous hypnose ou autohypnose permettra de comprendre une langue dans sa globalité et également d'entendre et de différencier tous les sons avec une plus grande acuité.

Soyez cependant bien conscient du fait que si vous ne parlez absolument pas la langue en question, vous ne l'apprendrez pas sous hypnose ! Celle-ci développe les potentiels, la rapidité, l'acuité, etc., mais elle ne vous apprend pas une langue si vous ne faites rien d'autre pour l'acquérir !

Gestion du stress

Le stress est la « maladie du siècle » ! Il peut paralyser n'importe qui, dans n'importe quelle situation (passage d'un examen, entretien d'embauche, compétition sportive, prise de parole en public, etc.). Il peut ainsi être source d'échecs, de malentendus, de conflits, parfois même de dépression…

Il peut être vaincu grâce à l'hypnose et l'autohypnose, par exemple en vous mettant dans une situation de détente et de tranquillité, et en ancrant ce moment, comme nous l'avons expliqué précédemment dans les techniques d'ancrage.

Si l'ancrage est réactivé régulièrement, le ressenti de détente se fera de plus en plus présent et apparaîtra de plus en plus rapidement. Vous pourrez donc l'utiliser au moment clé pour obtenir le calme nécessaire à l'action à entreprendre.

Transfert de compétences

Nous avons tous connu des réussites et des échecs, des moments où tout va bien et d'autres moins. De même, nous maîtrisons certains domaines de notre vie mieux que d'autres, certaines choses nous paraissent plus simples. En développement personnel, un coach vous aidera à généraliser des comportements, des capacités que vous avez en vous depuis toujours, pour les transférer de certains contextes à d'autres, de certains domaines de vie à d'autres.

Pour cela, on peut par exemple aller chercher dans votre expérience personnelle un moment ou une situation comparable où tout s'est bien passé, tranquillement, sans stress justement. Ce que vous avez réussi à faire une fois est gardé en mémoire quelque part, il suffit en quelque sorte d'aller le chercher et de le réactiver !

Exercice 16

Passage d'examen

- Trouvez un ou plusieurs autres examens qui se sont très bien passés et que vous avez réussis. Il y en a forcément, cherchez bien !
- Une fois qu'ils sont trouvés, mettez-vous en autohypnose et visualisez-vous dans la situation en question. Repérez ce que vous savez particulièrement bien faire : vos compétences, capacités… Observez-vous agir dans la (les) situation(s) en question. Quelle est votre posture physique ? Retrouvez votre aisance, vos connaissances, vos potentiels… Concentrez-vous sur vos sensations positives.

- Quand vous estimez avoir retrouvé toutes les capacités et ressources nécessaires, choisissez un mot définissant la façon dont vous vous sentez à ce moment-là (par exemple « calme », « fort » ou « détendu »). Il vous servira d'ancrage.
- Imaginez-vous maintenant dans la situation à venir en agissant avec les comportements, capacités et ressources que vous avez retrouvés. Ressentez bien la nouveauté, prenez le temps de bien ajuster ce qui a besoin de l'être.
- Quand tout est parfaitement bien pour vous, vous pouvez ancrer à nouveau la situation future, puis sortir de transe.

Avec ce type d'exercice, vous pouvez transférer des capacités (ici, calme, force, aisance) dont vous avez fait preuve dans certains contextes, vers des situations similaires où elles vous seront utiles. Il pourra être nécessaire de le faire plusieurs fois pour bien affiner le résultat obtenu.

Bien sûr, ce transfert est adaptable à d'autres situations. Ainsi quelqu'un peut être à l'aise pour s'exprimer en famille mais pas dans son cercle d'amis ou au travail, etc.

Créativité

Il en est de même dans le domaine artistique. Peintres, musiciens, sculpteurs, etc., peuvent également utiliser l'hypnose et l'autohypnose pour trouver la tranquillité, le lâcher-prise nécessaire à la créativité et à la réceptivité…

Communication

Nous avons vu plus haut que l'hypnose est utilisée au quotidien dans les médias, en politique, etc. Il serait souhaitable, et cela commence maintenant avec la communication non violente, entre autres, que l'hypnose conversationnelle continue à se développer à des fins non pas commerciales, mais de meilleure communication interpersonnelle et générale.

Ainsi, aucune communication n'est anodine en termes d'influence. En médecine libérale ou hospitalière, mais aussi dans les établissements scolaires ou d'enseignement, ou bien simplement entre individus, une approche positive, valorisante nous semble primordiale. Au revoir les suggestions négatives telles que : « Vous n'y arriverez jamais », « Tu es nul », « Quand on a ce type de maladie, c'est pour la vie ! », au profit de formules plus agréables à entendre et donc moins néfastes à vivre ! Une communication saine devrait être mise en place dès le plus jeune âge par les parents, mais aussi par les éducateurs, professeurs, médecins, etc.

On pourrait commencer par s'adresser à une personne dans son canal préférentiel. Nous avons déjà vu qu'il est difficile pour un « auditif » de « voir » les choses. Chez les enfants en particulier, les parents ou éducateurs gagneraient en efficacité à s'exprimer dans le bon canal, avec, idéalement, les mêmes submodalités.

CHAPITRE 9

L'AUTOHYPNOSE

Au programme

- **Autohypnose négative**
- **Autohypnose positive « santé et bien-être »**
- **Notions de base**
- **Votre séance d'autohypnose à la carte**
- **Autres exercices**

Auto signifie en grec « soi ». Il s'agit donc de vous hypnotiser vous-même ! Nous l'avons vu, chacun a la faculté de pratiquer l'autohypnose. Nous le faisons tous, quotidiennement et inconsciemment, mais pas toujours de façon positive !

Nous allons voir que la puissance de l'autohypnose peut être aussi destructrice qu'aidante, et comment justement la pratiquer de façon à éviter le côté « négatif » au profit de quelque chose de plus harmonieux pour la vie quotidienne. Vous apprendrez ici quelques clés pour vous hypnotiser vous-même et gérer de diverses manières les petits tracas de la vie de tous les jours.

Autohypnose négative

Définition

On parle d'autohypnose négative dans les cas de focalisation répétée, régulière, sur des pensées et émotions négatives, des problèmes que l'on « rumine ». Il s'agit là d'un processus d'autosuggestion négative, et nous sommes en général très forts dans ce domaine. De fait, il est souvent plus facile de se dire « Je suis nulle » que « Oui, j'en suis capable » ! Qu'en pensez-vous ? Avouez que cela vous arrive – et sûrement plus d'une fois dans la journée ! Ceux qui ne se reconnaissent pas dans ce type de fonctionnement ont bien de la chance !

Par ailleurs, attention, il existe également de fausses autosuggestions positives, qui sont en fait des suggestions négatives introduites par une mauvaise utilisation de la communication hypnotique. Ainsi, lorsque quelqu'un nous dit « N'aie pas peur » ou « Ne t'énerve pas », c'est souvent l'effet inverse qui est obtenu !

De même, en nous disant à nous-même « Tu n'es pas nul », nous n'améliorons pas notre image de nous, au contraire. Après avoir arrêté de manger du chocolat, se dire « Je ne dois pas avoir envie de chocolat » augmente notre envie. Eh oui, nous l'avons vu, l'inconscient ne comprend pas directement la négation et entend ici l'inverse de ce que nous disons !

Mise en place

Cette façon de fonctionner s'est mise en place à notre insu, dans l'enfance et durant l'éducation, à partir d'interprétations fausses de certaines expériences de vie pénibles ou très difficiles (pouvant aller d'un incident banal à un traumatisme grave), mais aussi de choses désagréables tellement répétées (par des professeurs, les parents) que nous les avons finalement enregistrées comme étant vraies ! Nous avons fini par nous approprier ces suggestions négatives comme si elles nous définissaient, et ce d'autant plus qu'elles étaient renforcées par l'autorité des personnes qui les énonçaient.

Observation

La pensée créée : « Tu es vraiment nulle, tu as toujours de mauvaises notes ! »

1. Mes parents me le répètent (suggèrent) tout le temps, donc c'est vrai !
2. Pour qu'ils continuent à m'aimer, je dois donc correspondre à ce qu'ils disent : « être nulle, avoir de mauvaises notes ».
3. Je vais continuer à « ancrer » de plus en plus cette suggestion en moi, elle va devenir une autosuggestion, je me l'approprie : « Je suis nulle » !
4. Pour continuer à être aimée, je deviens donc « nulle » par la puissance extrême de cette autosuggestion !
5. Je suis reconnue par mes parents car je corresponds à ce qu'ils disent de moi...

Il s'ensuit des croyances restrictives que l'on peut porter non seulement sur soi, comme dans cet exemple, mais aussi sur les autres, le monde extérieur, l'avenir, la vie en général. Tout ceci peut entraîner avec le temps non seulement une dévalorisation, mais aussi certains symptômes psychosomatiques.

En effet, beaucoup d'entre nous souffrent de problèmes de dos, de migraines, de troubles digestifs. Il serait bien sûr un peu simpliste d'affirmer que seule la façon de parler induit ces phénomènes, mais la personne qui dit qu'elle « se prend la tête » a souvent le comportement qui va avec (réfléchir, ruminer, penser...), et c'est ce comportement inconscient, qui peut générer à la longue des ennuis de santé.

Exercice 17

Quelle sont vos expressions favorites, celles que vous utilisez souvent quand ça ne va pas, que quelque chose ne vous convient pas ?

« Ça me soûle ! », « Ça me gonfle », « Ça me prend la tête », « J'en ai plein le dos ! »

Repérez les expressions fréquentes chez vous, puis réfléchissez : depuis quand dites-vous ça, d'où ces expressions viennent-elles ? Quelqu'un parlait-il comme cela chez vous ?

Réfléchissez ensuite à d'éventuels symptômes que vous pourriez avoir et tentez de faire le lien avec vos expressions.

Comment la contrer ?

En pratiquant l'autohypnose positive, que nous allons voir à présent. En repérant cette façon de penser chez nous, il est déjà possible de la contrer, en évitant de vous dénigrer injustement, ou en retournant le processus…

Exercice 18

Lorsque vous devez faire quelque chose qui a tendance à vous angoisser (passer un examen, aller chez le dentiste…), que vous dites-vous en général ? Repérez vos pensées à ce moment-là.

Si, comme beaucoup de gens, vous avez tendance à vous répéter en anticipant : « Je vais avoir mal », « Je vais me planter », ou alors, version qui semble faussement plus positive : « N'aie pas peur », « Ne te stresse pas », notez ces phrases sur un carnet.

Nous verrons dans le chapitre suivant l'usage à faire de cet exercice.

Autohypnose positive « santé et bien-être »

Définition

C'est une forme d'autohypnose orientée vers les forces, qualités, ressources d'autoguérison ou d'évolution personnelle que nous avons tous en nous. Elles se développent dans l'enfance, mais la plupart d'entre nous les avons « perdues » à l'âge adulte à cause des pressions éducatives et sociales évoquées ci-dessus. En fait, elles sont toujours là, mais « inconscientes ».

Certaines personnes sont toutefois davantage en contact avec ces ressources ! Cela fait d'elles de grands optimistes dotés de capacités surprenantes pour rebondir dans l'adversité. Il peut s'agir également de grands créatifs (artistes, écrivains, cinéastes, etc.), ou encore d'excellents communicants, etc.

Quand l'utiliser ?

Basée sur une façon de penser par autosuggestion positive, elle a pour objectifs de générer de nouvelles pensées, émotions, sensations, et des comportements positifs. Elle s'utilise quotidiennement pour remplacer des émotions ou sentiments pénibles ou douloureux par des ressentis plus agréables, et permet également de faciliter les apprentissages.

Exercice 19

Reprenez le carnet où vous avez noté vos expressions favorites en cas de stress et trouvez pour chacune les phrases positives contraires : « Tout va bien se passer », « Je vais rester calme ». Pour chaque phrase négative, trouvez-en plusieurs positives.
À chaque fois que la pensée négative arrive, lisez les phrases positives correspondantes et répétez-vous ces phrases-là !

Mise en pratique

Bien évidemment, pour des raisons de sécurité, l'apprentissage de l'autohypnose ne se pratique jamais en voiture, cela pourrait être dangereux. Préférez un endroit tranquille, chez vous ou dans la nature, si vous le souhaitez, où vous ne serez pas dérangé (coupez le téléphone, prenez du temps pour vous) pendant quelques minutes. Quel est « votre » endroit idéal pour faire connaissance avec cette discipline ?

Exercice 20

- Asseyez-vous dans un fauteuil confortable, type fauteuil de relaxation, tête appuyée, jambes décroisées et étendues. Fermez les yeux tranquillement. Prenez quelques grandes inspirations par la bouche, soufflez complètement par le nez. Pensez à un endroit calme et agréable. Détendez-vous au mieux de vos possibilités. Restez comme cela trois à cinq minutes, puis ouvrez les yeux doucement. Prenez votre temps avant de vous lever.
- Reproduisez le même exercice en restant debout (si vous avez des troubles de l'équilibre, appuyez-vous contre un mur ou évitez de fermer les yeux).

Gardez les bras le long du corps. Procédez de la même façon que précédemment : grandes inspirations… Situation, souvenir agréable… Détendez-vous pendant trois à cinq minutes.

- Refaites enfin l'exercice allongé sur votre lit, votre canapé, ou au sol. Placez vos bras le long du corps ou sur votre ventre, laissez vos jambes décroisées. Fermez les yeux, respirez tranquillement en laissant venir souvenir ou situation agréable. Faites cet exercice trois à cinq minutes, puis ouvrez les yeux doucement. Évitez de vous lever brutalement.

La position assise dans un fauteuil confortable est idéale car elle permet de relâcher au mieux les tensions musculaires, et d'être agréablement installé sans pour autant s'endormir, ce qui arrive plus facilement en position allongée. Toutefois, cette dernière peut convenir aux personnes ayant des difficultés à rester assises ou debout en raison de douleurs, par exemple. C'est également la position la plus pertinente pour ceux d'entre vous qui souhaitent améliorer leur sommeil grâce à l'hypnose !

Debout – cela vous surprend ? Eh oui, il est possible de faire de l'autohypnose debout, les yeux ouverts. Rappelez-vous les spectacles ! Même si le contexte est différent, les sujets montés sur scène sont souvent hypnotisés debout, avant d'être assis sur des chaises, ou allongés sur des tréteaux !

Pour débuter, nous vous conseillons fortement, pour des raisons d'efficacité et de sécurité, de pratiquer de préférence assis, voire couché. Par la suite, quand vous maîtriserez bien l'autohypnose, la position debout pourra vous apporter un plus dans certaines situations : par exemple pour apprendre à entrer dans l'action, à avancer dans la vie… Rien de tel que d'être debout pour marcher !

Vous pouvez tester l'exercice précédent à divers moments de la journée et trouver ainsi celui qui vous convient le mieux. Certains préféreront le matin, d'autres le moment de la sieste, les autres le soir. Tout dépend du rythme de chacun ainsi que du moment le plus propice à l'objectif à atteindre. Ce moment peut également varier en fonction des jours et du temps dont vous disposez.

Apprendre l'autohypnose

Dans un premier temps, l'apprentissage de l'autohypnose est idéal avec un praticien. Il pourra en effet vous aider à trouver ce qui vous convient le mieux, en adaptant les séances, le type d'induction, les ancrages, etc. à votre rapidité d'intégration, votre personnalité. Il vous expliquera également les choses à faire ou à éviter dans votre cas particulier. Par la suite, vous pourrez pratiquer seul.

Toutefois, vous pouvez aussi tenter l'expérience en vous aidant de quelques ouvrages simples sur le sujet, et consulter un professionnel par la suite si le besoin s'en fait sentir. Vous trouverez des exemples plus loin et des titres d'ouvrages « tout public » en bibliographie.

Notions de base

Vous trouverez ici des astuces et des bases pour aborder et tester cet état par vous-même, vous en faire une idée. Toutefois, nous vous conseillons de compléter ces notions par celles d'autres ouvrages spécifiques, plus complets et progressifs, ou en consultation avec un praticien en hypnose.

Induction et sortie de transe

Il s'agit de vous mettre en hypnose et d'en sortir tout seul : vous êtes à la fois sujet et praticien ! C'est donc à vous de procéder à la mise en transe par le biais d'une induction. Vous pouvez utiliser l'une des inductions citées dans cet ouvrage (chapitre 5) en utilisant la première personne du singulier (je), puisque c'est à vous que vous parlez. Ainsi vous direz : « Pendant que je vois le paysage autour de moi et que j'entends les sons extérieurs, je peux sentir un état de relaxation se mettre en place. » Vous pouvez dans un premier temps reprendre les exemples donnés en les enregistrant à la première personne du singulier, puis, lorsque vous maîtriserez les inductions, vous pourrez les faire seul.

Vous pouvez également tester l'induction proposée ci-dessous.

Exercice 21

Asseyez-vous face à un siège vide ou placez-vous devant un miroir, comme vous préférez. Faites cet exercice comme si vous étiez face à un partenaire – à voix haute, donc !

« Alors que tu es installé confortablement sur ce siège, tu peux te laisser bercer tranquillement par le son de ma voix ; tu peux aussi prendre quelques grandes inspirations, puis laisser ta respiration trouver son rythme calmement. Tu es libre de bouger certaines parties de ton corps, si besoin, afin de trouver la position et l'harmonie nécessaires à ton bien-être. Tu peux regarder autour de toi les objets de la pièce, ou simplement me fixer. Dans un moment, tes paupières vont devenir de plus en plus lourdes et tu auras peut-être envie de les fermer. Sens-toi alors libre de fermer les yeux, maintenant ou plus tard, et d'entrer ainsi encore plus en intimité avec toi-même, pendant que ma voix t'accompagne dans ton voyage intérieur. Tu peux laisser venir des images agréables qui te permettront d'entrer encore plus profondément dans cet état de bien-être hypnotique. »

Une fois en état d'hypnose arrive la phase de travail, c'est-à-dire ce qu'il y a lieu de faire pendant la séance, pour atteindre l'objectif que vous vous êtes fixé !

Une fois le travail terminé, la sortie de transe se fera progressivement.

Exercice 21 (suite)

Reprenez :

« Et maintenant, comme après un beau voyage, tu peux tout doucement reprendre contact avec le siège sur lequel tu te trouves, entendre les bruits extérieurs, percevoir de nouveau la pièce dans laquelle tu te trouves, ouvrir les yeux et revenir bien ici et maintenant, en forme pour continuer le reste de la journée. »

Cette induction est différente des précédentes citées dans cet ouvrage. Elle utilise votre faculté à « hypnotiser » quelqu'un d'autre, et est donc à utiliser la deuxième personne du singulier. Simplement, cette autre personne, c'est vous !

Fusibles*

En autohypnose, vous êtes seul avec vous-même. Il y a donc quelques précautions à prendre pour profiter au mieux de vos séances. Certains auteurs appellent ces précautions des « fusibles », car ils évitent de faire sauter les plombs – c'est-à-dire qu'ils vous empêcheront de vous retrouver dans des situations délicates.

- Prévoyez un peu plus de temps que nécessaire à la séance envisagée afin de pouvoir revenir à vous tranquillement et vous étirer. En effet, après une séance, vous pouvez vous sentir très détendu et peut-être avoir l'impression légère de « planer ». Il est donc préférable de rester tranquille un moment avant de reprendre vos activités.
- Fixez-vous un temps de séance : demandez à votre inconscient de vous ramener « ici et maintenant » au bout de vingt ou trente minutes, par exemple. Au début, vous pouvez utiliser un réveil, ou une alarme, réglé quelques minutes après le temps souhaité. Avec l'habitude, votre inconscient vous « ramènera » quand vous le souhaiterez.
- En début de séance, demandez également à votre inconscient de vous ramener « ici et maintenant » (de sortir de transe) rapidement en cas de danger immédiat (incendie...).
- Évitez les régressions en âge ! En effet, si vous vous retrouvez en enfance, par exemple, et en mauvaise posture, vous ne pourrez pas le gérer. Ce genre d'expérience est à faire uniquement avec un praticien compétent, jamais dans le cadre de l'autohypnose.
- Demandez toujours à votre inconscient de rester dans le positif, l'agréable.

Ces fusibles sont valables pour toutes vos séances. Veillez donc à les utiliser à chaque fois !

Langage

En autohypnose, il est préférable de faire référence à des souvenirs ou à des émotions agréables ; on utilise ainsi des affirmations positives formulées au présent, que l'on répète régulièrement. Comme nous l'avons vu, nous nous adressons à nous-même dans la majorité des cas à la première personne du singulier, parfois à la deuxième, selon le ressenti et la sensibilité de chacun. Les suggestions sont formulées par nous-même en fonction du résultat escompté.

Votre séance d'autohypnose à la carte

Tentez d'imaginer votre vie comme une pièce de théâtre dont vous êtes l'acteur – vous interprétez donc votre propre rôle ! Votre « scénario » de vie a, nous l'avons vu, été façonné, modelé par votre éducation, vos parents, la société... Au fil des années se sont ancrés en vous des idées, des modes de fonctionnement, des croyances qui ont façonné l'acteur que vous êtes devenu. Si ce rôle ne vous convient pas, ou pour modifier certaines habitudes, il vous est possible d'en changer ! Pour certains, cela peut même signifier devenir acteur de leur vie plutôt que d'en rester le spectateur.

Objectifs

Tout d'abord, il est primordial de savoir ce que vous voulez changer, améliorer... Fixez-vous donc des objectifs.

Exercice 22

Trouvez une demi-douzaine de choses simples de votre quotidien (exemples : sport, sorties, vie sociale, travail) que vous souhaitez changer, améliorer, et inscrivez-les dans votre carnet.

Relisez ensuite ce que vous avez écrit. Peut-être avez-vous noté : perdre du poids, arrêter de fumer, ne plus être en retard au travail, ne pas me stresser sans arrêt, me mettre au sport...

Cela ne vous rappelle rien ? Eh oui : les bonnes résolutions de nouvelle année, souvent prises, rarement tenues ! Pourquoi ? Cela vient fréquemment de la façon de les exprimer.

> Vos objectifs se doivent d'être précis. « Je voudrais maigrir » ou « Il faudrait que je fasse du sport » manquent de précision. Préférez par exemple : « Je veux perdre 2 kg en 1 semaine » ou bien « Je vais m'inscrire à la salle de sport et faire trois séances de musculation par semaine ».

Une formulation ***positive*** à la ***première personne*** du singulier est requise : dites « Je veux être plus calme » et non « Je ne veux plus stresser » ! Le ***présent de l'indicatif*** est fortement conseillé : « Je désire », « Je souhaite », « Je veux » et non « J'aimerais », « Je voudrais »… Le conditionnel est par essence beaucoup moins efficace, puisque justement soumis à conditions !

De même, préférez les mots « Je décide », « Je souhaite », « Je veux » aux termes « Il faut » ou « Je dois » !

Exercice 23

Fermez les yeux, respirez calmement et répétez-vous : « Il faut que je fasse du sport (ou que je sois plus calme) », puis faites la même chose avec : « Je veux faire du sport », « Je souhaite être plus calme ».

Que ressentez-vous ?

Vos objectifs doivent aussi être réalistes et réalisables. Ainsi, perdre 2 kg en une semaine est possible, en perdre 50 en quinze jours beaucoup moins, outre les troubles de santé que cela risquerait d'occasionner.

Exercice 24

Maintenant que vous avez compris, refaites la liste de vos objectifs en les formulant comme on l'a conseillé.

Mots « sésames »

Certains mots ouvrent les portes, d'autres les ferment ! Trouvez vos clés, celles qui vous conviennent…

Exercice 25

Vous avez une importante réunion de travail mais avez oublié votre dossier. Quand vous êtes dans ce genre de situation, que vous dites-vous ? Que pensez-vous de vous, de la situation ?

Écrivez dans votre carnet ce qui vous vient à l'esprit.

Beaucoup ont tendance à penser « Je suis nul », « Je vais perdre mon job », « J'angoisse »… Tout ceci renforce la situation de stress par phénomène d'autohypnose négative, nous en avons parlé plus haut. Et si vous changiez de lunettes ? Trouvez les mots positifs qui vont vous ouvrir les portes ! Ce sont en général les derniers mots qui vous viendraient à l'esprit, comme « Tout va bien », « Cool », « Je gère »… Et ce sont pourtant bien ces mots qui vont vous aider !

Exercice 26

Reprenez les mots ou expressions que vous venez d'écrire et remplacez-les par les expressions positives correspondantes.
Exemple : « Je ne suis pas capable » devient « Je peux le faire », « J'angoisse » devient « Je reste calme et détendu ».

Tous les mots ou expressions « positifs » et « constructifs » que vous avez choisis sont bons. Vous pouvez vous exercer à trouver des mots-clés pour les principales difficultés que vous rencontrez au quotidien, les noter et les garder sous la main.

Les notions importantes en autohypnose

- **S'exprimer à la première personne : « je ».**
- **S'exprimer positivement : dire ce que l'on veut et non ce que l'on ne veut plus : « Je veux... »**
- **Utiliser le présent : « Je veux », « Je désire », « Je décide » et non le conditionnel (« Je voudrais », « J'aimerais »...).**
- **Se référer à des souvenirs et émotions antérieures agréables afin de retrouver l'état émotionnel qui leur correspond.**
- **S'exprimer de façon positive et constructive.**
- **Bien penser à utiliser les « fusibles ».**
- **Être patient : Rome ne s'est pas faite en un jour !**

Écrire un scénario

Vous savez maintenant quoi améliorer, mais vous vous demandez comment. Tout simplement en écrivant l'histoire telle que vous avez envie de la vivre ! Devenez scénariste, apprenez à écrire un scénario différent de celui avec lequel vous fonctionnez !

Ébauche

Il est temps d'apprendre à écrire la trame sur laquelle vous bâtirez ensuite votre histoire.

Exercice 27

En utilisant les mots sésames que vous avez trouvés précédemment, écrivez une histoire courte visant à atteindre l'objectif que vous avez choisi.

Exemple de trame possible (ici, pour gérer son stress durant un examen) :

« Je suis calme et détendu, ma respiration est régulière. Mon cœur bat doucement. Je reste zen car j'ai très bien préparé cette épreuve. Je suis prêt et me sens à l'aise. Je suis détendu et concentré en entrant dans la salle, calme en lisant le sujet d'examen. Tout va bien, je me souviens de tout ce que j'ai appris. Je suis sûr de moi. Le sujet me convient bien, je le connais. »

Vous avez peut-être trouvé cet exercice difficile ? Rassurez-vous, cela viendra avec le temps. Vous pouvez jouer tous les rôles, la seule limite étant celle de votre imagination !

Script élaboré

En vous servant de l'ébauche d'histoire que vous venez d'écrire, construisez à présent votre script : élaborez un scénario plus détaillé !

Exercice 28

Peaufinez votre histoire : ajoutez des détails importants en répondant aux questions ci-dessous.

- Précisez de quel événement il s'agit, ses circonstances : Quand a-t-il lieu ? Où ? Quels sont les différents protagonistes ?
- Ajoutez à vos suggestions des adverbes « aidants » (par exemple : « parfaitement », « tranquillement », « absolument »). Ainsi, « merveilleusement détendu » est plus efficace que « détendu ».
- Quels éléments visuels, auditifs et kinesthésiques pouvez-vous utiliser pour rendre votre histoire encore plus efficace ? Ajoutez à l'histoire couleurs, sons, sensations particulières.
- Quelles émotions, quels ressentis positifs pouvez-vous ajouter ?

À présent, écrivez votre scénario !

L'écriture de cette nouvelle histoire a dû vous sembler plus simple ! Pas encore ? Respectez votre rythme et prenez patience : cela viendra.

Visualiser les choses, c'est déjà très bien, les vivre vraiment, avec toute l'atmosphère du moment, est encore plus efficace. Il y a alors, *a priori*, plus de contact avec les ressentis corporels, l'ambiance, les émotions ; et souvent, c'est justement la meilleure manière de rendre son scénario efficace. Plus vous utilisez d'émotions positives, plus votre inconscient les convertira facilement en actes. Répétez souvent la même chose avec des mots différents pour renforcer l'efficacité : comme pour tout apprentissage, la répétition est essentielle.

Observation

Imaginons le passage de l'examen oral du bac de français...
« Je suis calme et détendu lorsque j'arrive dans la pièce. Je ressens un grand calme intérieur, une sensation de sérénité. Je me sens merveilleusement détendu car j'ai très bien préparé cette épreuve. Je ressens une réelle confiance en moi devant le jury. Je me souviens de mon précédent oral, qui s'était bien passé. Je suis absolument concentré en entrant dans cette pièce aux couleurs que je connais bien, calme et détendu en m'asseyant face aux professeurs. Tout va bien, je me souviens aisément de tout ce que j'ai appris lors de mes cours de français. Je respire tranquillement, je suis sûr de moi. Le sujet me convient parfaitement, je le connais. Je ressens une réelle satisfaction en pensant à ma joie plus tard, après l'examen, j'entends déjà mon professeur, fier de moi, qui me félicite... »

Quand utiliser les scénarios ?

Tout simplement à chaque fois que vous en ressentez le besoin, l'envie, mais toujours après l'induction de votre choix (cf. plus haut), pendant la phase de travail.

Il est conseillé de ne traiter qu'un seul sujet dans une même séance d'autohypnose. De plus, il existe un effet de généralisation, qui fait que traiter un problème peut parfois en améliorer d'autres, qui ont éventuellement la même origine inconsciente. Reprenez de temps à autre votre liste d'objectifs, et vous verrez que certains « soucis » se seront envolés sans même que vous en ayez eu conscience ! Vous pourrez alors avancer sur les autres.

Autres exercices

Les scénarios, nous venons de le voir, permettent de créer votre séance comme vous le souhaitez, comme un costume sur mesure. Ils seront adaptés à vous, votre problème et votre personnalité, puisque c'est vous qui les écrivez. Toutefois, des exercices tout faits peuvent être utiles dans les cas où écrire une histoire se révèle contraignant, difficile, ou pour ceux qui n'en auraient tout simplement pas le désir. Rappelons que la motivation est un important facteur de réussite.

Voici donc quelques techniques permettant de gérer efficacement des soucis quotidiens.

Maîtrise du stress

Le stress, maladie du siècle, peut être paralysant dans de nombreux domaines. L'autohypnose est particulièrement efficace pour retrouver calme et tranquillité suite à un événement stressant.

Vous pouvez pour cela vous servir de l'induction par souvenir agréable, d'un ancrage dans une situation positive (cf. chapitre 5), et renforcer votre confiance en vous, comme nous venons de le voir. Le transfert de compétences peut également y contribuer dans le cas bien précis d'un passage d'examen, par exemple, tout comme la gestion des émotions, que nous allons aborder ci-dessous.

Gestion des émotions

Les ***émotions*** sont le résultat des réactions physiques et psychologiques d'une personne face à une situation particulière, à la différence d'une ***sensation***, qui est la conséquence physique directe associée à une perception sensorielle (chaleur, froid...). Toutefois, une accumulation de sensations peut générer des états émotionnels. Vous avez peut-être des émotions désagréables dont vous souhaitez vous débarrasser ?

Exercice 29

Identifiez l'émotion (colère, tristesse...) que vous souhaitez atténuer ou voir disparaître. Pas besoin d'induction ici : retrouver l'émotion suffit.

Prenez plusieurs grandes inspirations puis laissez venir l'émotion, laissez-la se présenter à vous sous forme d'images, de sons, de sensations. Il est probable que vous retrouviez tout le contexte, toute la situation dans laquelle cette émotion est apparue. Imaginez ensuite cette situation sur un écran de cinéma ou de télévision.

Jouez maintenant avec les paramètres de cette émotion. Imaginez par exemple une télécommande et changez ce qui vous semble nécessaire. Par exemple, vous pouvez modifier l'image : ajouter ou ôter des couleurs, du contraste ? Ou bien passer l'image en noir et blanc ou en sépia, comme sur ces vieilles photos jaunies ? Vous pouvez faire de même avec les sons : les augmenter, les baisser, les couper complètement peut-être ? Jouez aussi avec la taille de l'image en la rapprochant ou en l'éloignant, la grandissant ou la rapetissant. Vous pouvez ainsi régler à votre guise chaque détail de vos perceptions internes.

> Votre émotion de départ sera alors transformée en quelque chose de différent qui vous correspondra probablement mieux, que vous aurez plus de facilité à accepter. Vous pouvez à chaque étape, si besoin est, revenir en arrière pour adapter ce que vous avez à changer jusqu'à ce que le résultat vous convienne au mieux. Vous pouvez également ajouter ou supprimer certains éléments à la situation, si vous trouvez que c'est mieux pour vous. Lorsque votre image vous convient, que vous ne ressentez plus ou beaucoup moins l'émotion de départ, que tout est neutre, ou même agréable, l'exercice est terminé !

Activez vos potentiels

Vous souhaitez améliorer une capacité que vous possédez déjà, ou encore atteindre un objectif en recherchant des ressources inconscientes ? Vous pouvez utiliser l'exercice suivant pour un bon nombre d'objectifs. Il s'agit ici essentiellement de focaliser les ressources de l'inconscient sur un objectif fixé, une cible. Il convient donc d'adapter les phrases à ce que vous souhaitez.

Pratiquez cet exercice (l'induction n'est pas obligatoire ici) chaque fois que vous avez un nouvel objectif à travailler. Il peut aussi vous servir de préalable à un autre pour commencer par mettre en place certaines choses et faciliter l'apprentissage ultérieur.

Exercice 30

- Installez-vous confortablement, assis de préférence. Mettez vos mains devant vous, face à face, à la hauteur de votre visage environ, comme si vous teniez un ballon. Pensez à l'objectif que vous souhaitez atteindre et formulez-le de façon simple et précise (« Je veux »). Vous ressentirez peut-être une « présence », une sorte de champ énergétique entre vos mains, ou simplement une source de chaleur. Peut-être rien.

- Adressez-vous alors à votre inconscient afin de l'inciter à faire ce travail. Par exemple : « Je veux que mon inconscient travaille sur (cet objectif). Quand tu comprendras (vous vous adressez ici à l'inconscient) la nature de ce travail et que tu accepteras de bien vouloir le faire, laisse alors mes mains se rapprocher progressivement l'une de l'autre, à leur rythme, comme attirées par un aimant, jusqu'à ce qu'elles se touchent. »

Attendez un peu : il faut parfois quelques instants pour que cela se produise.

- Lorsque vos mains se touchent, adressez-vous de nouveau à votre inconscient : « Merci, maintenant je te demande de bien vouloir aller chercher au plus profond de moi les capacités, connaissances, ressources qui peuvent me servir dans la réalisation de (cet objectif). Recherche tout ce qui peut permettre de générer une évolution, un changement en moi. Au fur et à mesure que ce travail se fait, laisse l'une des mains descendre progressivement, à son rythme (parfois un peu saccadé comme sur le rythme de la respiration), jusqu'à ce qu'elle se pose sur ma cuisse (ou le bras du fauteuil…) »
- La main s'est posée ! « Merci cher inconscient, maintenant que tu as rassemblé tous ces apprentissages, merci de bien vouloir les intégrer, ainsi que toutes les solutions que tu as pu envisager pour atteindre (cet objectif). Installe toutes ces ressources dans mon quotidien, afin que je puisse y avoir accès dès que j'en ai besoin. Laisse alors l'autre main descendre aussi tranquillement qu'elle le souhaite, au rythme où les choses s'intègrent à l'intérieur de moi. Et je saurai que ce travail sera fini quand la main aura complètement terminé sa descente et se sera posée elle aussi sur (l'endroit où elle va se poser en fonction de votre position). Merci ! »

L'exercice est terminé : sortez de la transe hypnotique.

Quelques précisions utiles :

- La phase 2 est importante : les mains qui se touchent signifient l'accord de votre inconscient pour faire ce travail. Si cela n'arrive pas, c'est qu'il ne souhaite pas le faire pour le moment. Demandez-lui alors autre chose, ou : « peut-être y a-t-il autre chose à faire avant de pouvoir travailler sur (cet objectif ?) » Si vos mains se rejoignent, la réponse est « oui » : c'est le cas, en général ! En fait, il faut parfois réaliser d'autres choses à un niveau inconscient avant de comprendre ce que l'on veut réellement. Sinon, demandez simplement à votre inconscient de « faire ce qu'il est nécessaire de faire aujourd'hui ».

- La phase 3 correspond à la recherche des apprentissages et capacités qui sont en vous.
- La phase 4 correspond à l'intégration de cette connaissance là où elle est nécessaire pour vous et votre quotidien. Chercher des capacités sans les intégrer serait comme télécharger un nouveau logiciel sur votre ordinateur et oublier de l'installer !

Vous disposez maintenant des notions de bases de l'hypnose, essentielles à la pratique de l'autohypnose. Celle-ci peut non seulement vous permettre de mieux gérer certains soucis quotidiens mais également de vous (re)centrer sur vous-même, et ainsi vous déshypnotiser de l'influence de l'hypnose quotidienne environnementale, afin de retrouver vos vraies valeurs et d'agir selon vos propres besoins !

GLOSSAIRE

Addiction : Comportement, appelé aussi dépendance, reposant sur une envie répétée et irrépressible de quelque chose, malgré la motivation et les efforts du sujet pour s'en empêcher.

Amnésie : Perte partielle ou totale de la mémoire.

Analgésie : Interruption du signal neurologique de la douleur entre l'endroit douloureux et le cerveau, entraînant provisoirement une non-perception de la douleur.

Anamnèse : Histoire du patient, de sa maladie (antécédents, traitements, examens, etc.), obtenue en l'interrogeant.

Ancrage : Association entre l'état émotionnel d'une expérience vécue et un stimulus (mot, odeur, geste).

Anesthésie : Suppression des sensations physiques visant à permettre une intervention chirurgicale qui autrement serait trop douloureuse. Elle peut être totale ou loco-régionale.

Autohypnose : Hypnose réalisée par une personne sur elle-même.

Calibration : Du verbe calibrer, c'est-à-dire percevoir et reconnaître grâce à une bonne observation certains indices importants qui nous informent sur le mode de fonctionnement d'une personne.

Catalepsie : Suspension complète du mouvement dans la position où les membres se trouvent positionnés.

Conditionnement : Ici, mise en place d'un comportement provoqué par un stimulus artificiel. Il permet d'expliquer certains phénomènes, comme l'apprentissage, ou certains troubles du comportement.

Dissociation : Consiste à séparer des éléments qui ne le sont pas habituellement (comme inconscient et conscient). Capitale dans l'induction et le traitement de certains problèmes.

Distorsion : Fait de réorganiser inconsciemment les éléments d'une expérience et d'en changer ainsi le sens.

Distorsion du temps : Impression que la durée d'une expérience est plus courte ou plus longue que celle donnée par la pendule.

Fusibles : Précautions à prendre lors d'une séance d'hypnose ou d'autohypnose pour éviter des désagréments.

Futurisation : Action de se projeter mentalement en une époque choisie de son avenir (quelques jours ou quelques années).

Généralisation : Processus consistant à relever quelques aspects d'une expérience et à étendre cette perception à toute une population (exemple : « Tous les hommes sont des machos »).

Hallucination : Création par la suggestion d'une perception dans l'esprit du patient. Elle peut être *positive* (perception de quelque chose qui n'existe pas) ou *négative* (non-perception de quelque chose qui existe).

Induction : Technique employée pour mettre quelqu'un en transe.

Kinesthésique : Qui se rapporte aux sensations physiques externes, internes et émotionnelles.

Métamodèle : Technique de questionnement destinée à faire détailler les imprécisions du langage courant.

Métaphore : Histoire ou conte dont la structure, semblable à celle du problème du patient, lui propose une solution ou une alternative à cette difficulté afin de provoquer un changement.

Métaprogrammes : Filtres à travers lesquels nous sélectionnons et traitons les informations perçues afin de construire notre propre représentation du monde ; leur observation permet de connaître le mode de fonctionnement des gens.

Milton modèle : Attribué à Milton Erickson, il s'agit, contrairement au métamodèle, d'un langage particulièrement flou et vague, ciblant l'inconscient.

Monoïdéisme : Concentration sur une seule idée (James Braid).

Nominalisation : Processus consistant à transformer un verbe en nom ou en un mot désignant une chose abstraite.

Obsession : Idée irrésistible combinée à une émotion qui peut avoir comme résultat une action se répétant inlassablement (compulsion).

Omission : Fait de ne pas révéler certaines choses supposées déjà connues.

Perception sensorielle : Ce que nous percevons avec nos sens, stocké en mémoire sous forme de représentations (codes) ; voir ***VAKO***.

Phobie : Peur envahissante associée à un objet externe ou à une situation.

Recadrage : Processus cherchant à changer la perception d'un problème et permettant d'accéder à des solutions inconscientes.

Régression : Fait de retourner en pensée dans le passé, spontanément ou suite à une suggestion.

Résistance : Refus, conscient ou non, du sujet d'accepter l'état d'hypnose. Elle est généralement liée à une inhibition, une peur de perdre le contrôle ou une autre peur non résolue.

Suggestibilité : Degré de susceptibilité d'une personne à accepter une suggestion.

Suggestion : Idée, nouvelle possibilité proposée en état de veille ou d'hypnose. Elle vise à influencer une personne et ainsi à modifier son comportement.

Synchronisation : Comportement visant à bouger, à parler, à respirer en mimétisme avec son interlocuteur pour mieux entrer dans sa réalité. Elle permet donc de se centrer sur lui et d'établir un contact particulier avec lui.

Transe : État de conscience modifiée.

VAKO : Abréviation des représentations Visuelle, Auditive, Kinesthésique et Olfactive.

BIBLIOGRAPHIE

Beaunis H., *Le Somnambulisme provoqué*, Paris, L'Harmattan, 2007

Benhaïem J.-M., *L'hypnose qui soigne*, Paris, Josette Lyon, 2005

Bernheim H., *De la suggestion et de son application à la thérapeutique*, Paris, L'Harmattan, 2005

Bettelheim B., *Psychanalyse des contes de fées*, Paris, Robert Laffont, 2003

Bioy A., Michaux D., *Traité d'hypnothérapie*, Paris, Dunod, 2007

Charcot J.-M., *Sur les divers états nerveux déterminés par l'hypnotisation chez les hystériques*, 1882

Chertok L., *L'Hypnose*, Paris, Payot poche, 2006

Delbœuf J., *Sommeil et Rêves*, Paris, Fayard, 1994

Delbœuf J., *Le Magnétisme animal. À propos d'une visite à l'école de Nancy*, Paris, Félix Alcan, 1889

Diltz R., Hallbom T., Smith S., *Croyances et Santé*, Paris, Desclée de Brouwer, coll. « La Méridienne », 1994

Erickson M., *Ma voix t'accompagnera*, Hommes et Groupes, 1998

Gilles de La Tourette G., *L'hypnotisme et les états analogues au point de vue médico-légal*, Paris, 1887

Halley J., *Un thérapeute hors du commun : Milton H. Erickson*, Paris, Desclée de Brouwer, 2007

Horowitz M. J., *Stress Respons Syndroms*, New York, Jason Aronson, 1978

Kopelman (Elman) D., *Explorations in Hypnosis*, Nash Publishing, 1970

Kopelman (Elman) D., *Hypnotherapy*, Westwood Publishing Co., 1970

Liébeault A.-A., *Thérapeutique suggestive*, 1891

Liégeois J., *La Suggestion et le somnambulisme dans leurs rapports avec la jurisprudence et la médecine légale*, 1899

Lockert O., *Hypnose*, Paris, IFHE, 2013

Meyer M., *50 Exercices d'autohypnose*, Paris, Eyrolles, 2012

O'Hanlon W. H., Martin M., *L'Hypnose orientée vers la solution*, Bruxelles, Satas, 1995

Robinson T. N., Borzekowski D. L. G., Matheson D. M., Kraemer H. C., « Effects of Fast-Food Branding on Young Children's Taste Preferences » in *Archives of Pediatric and Adolescent Medicine*, 2007, vol. 161, p. 792-797

Rossi E., *Psychobiologie de la guérison*, Gap, Le Souffle d'or, 2002

Roustang F., *Qu'est-ce que l'hypnose ?*, Paris, Les éditions de Minuit, 1994

Roustang F., *Il suffit d'un geste*, Paris, Odile Jacob, 2003

Servan-Schreiber D., *Guérir*, Paris, Robert Laffont, 2003

Simonton C., Simonton Matthews S., Creighton J., *Guérir envers et contre tout*, Paris, Desclée de Brouwer, 2007

Spanos N. *et al.*, « Moderating effects of contextual variables on the relationship between hypnotic susceptibility and suggested analgesia » in *Journal of Abnormal Psychology*, 1984, vol. 93, n° 3, p. 285-294

Teyssier d'Orfeuil L., Magnes J.-P., *La Méthode Coué. Autosuggestion consciente*, Paris, Eyrolles, 2011

Waber R. L., Shiv B., Carmon Z., Ariely D., « Commercial Features of Placebo and Therapeutic Efficacy » in *JAMA (Journal of American Medical Association)*, 2008, 299:1016-7

INDEX DES NOTIONS

INDEX DES NOMS

Dans la même collection

EYROLLES PRATIQUE
Jacques Regard
STOP
À LA MANIPULATION
Une méthode inédite
POUR NE PLUS VOUS LAISSER FAIRE,
et DÉJOUER LES PIÈGES des manipulateurs
DÉFENSE
D'ENTRER
EYROLLES

EYROLLES PRATIQUE
Christophe Carré
SORTIR
DES CONFLITS
Le conflit, c'est la vie ! Découvrez comment
COMMUNIQUER SANS VIOLENCE
et grandir dans le conflit.
EYROLLES

EYROLLES PRATIQUE
Sarah Famery
SE LIBÉRER
DE SES BLOCAGES
Une méthode complète pour QUITTER SES PEURS,
S'ÉPANOUIR et SE RÉALISER
EYROLLES

EYROLLES PRATIQUE
Carolina Becerril-Maillefert
LE PSYCHODRAME
L'histoire, la méthode, les techniques
pour explorer votre processus psychique
au moyen de SCÉNARIOS IMPROVISÉS
EYROLLES

EYROLLES PRATIQUE
Développement personnel
Jean-Philippe Vidal
L'ENNÉAGRAMME
Découvrez quel est votre profil
et RÉALISEZ VOTRE POTENTIEL
EYROLLES

EYROLLES PRATIQUE
Développement personnel
Didier Hauvette
Christie Vanbremeersch
VIVRE AVEC SES
ÉMOTIONS
ET CELLES DES AUTRES
UN GUIDE
COMPLET
pour les identifier,
les apprivoiser
et les aimer
EYROLLES

EYROLLES PRATIQUE
Claude Darche
LE TAROT
DIVINATOIRE
Une initiation pratique à l'histoire et aux
techniques du tarot de Marseille pour
GAGNER EN LUCIDITÉ et
PRENDRE LES BONNES DÉCISIONS
Jeu de cartes offert
EYROLLES

EYROLLES PRATIQUE
Développement personnel
Valérie Clisson et Arnaud Duval
TESTEZ
VOTRE LOGIQUE
Testez et développez votre logique
pour GAGNER EN EFFICACITÉ
et MIEUX VIVRE AU QUOTIDIEN
EYROLLES

PEFC/10-31-1316

N° d'imprimeur : 2158343G
Dépôt légal : avril 2014
Imprimé en France
JOUVE, 1, rue du Docteur Sauvé, 53100 MAYENNE